GROWTH HACKER MARKETING

A Primer on the Future of PR,Marketing, and Advertising

增长黑客营销

［美］ 瑞安·霍利迪（Ryan Holiday） ◎著
王冬佳 谭怡琦 ◎译

SPM
南方出版传媒
广东人民出版社
·广州·

图书在版编目（CIP）数据

增长黑客营销 /（美）瑞安·霍利迪 (Ryan Holiday) 著；王冬佳，谭怡琦译 .— 广州：广东人民出版社，2016.10

ISBN 978-7-218-11114-8

Ⅰ. ①增… Ⅱ. ①瑞… ②王… ③谭… Ⅲ. ①营销－研究 Ⅳ. ① F713.3

中国版本图书馆 CIP 数据核字 (2016) 第 185113 号

ZengZhang HeiKe YingXiao
增长黑客营销
［美］瑞安·霍利迪 著　王冬佳　谭怡琦 译　**版权所有　翻印必究**

出 版 人：曾　莹

策　　划：中资海派
执行策划：黄　河　桂　林
责任编辑：肖风华　古海阳　张　静
特约编辑：张　艳　宋金龙
版式设计：王　雪
封面设计：零创意文化

出版发行：广东人民出版社
地　　址：广州市大沙头四马路 10 号（邮政编码：510102）
电　　话：(020) 83798714（总编室）
传　　真：(020) 83780199
网　　址：http ://www.gdpph.com
印　　刷：深圳市福圣印刷有限公司
开　　本：787mm × 1092mm　1/16
印　　张：12.5　**字　　数**：12.2 千
版　　次：2016 年 10 月第 1 版　2016 年 10 月第 1 次印刷
定　　价：38.00 元

如发现印装质量问题，影响阅读，请与出版社（020-83795749）联系调换。
售书热线：(020) 83795240

权威推荐

GROWTH HACKER MARKETING

胡兴都

国内知名营销专家

在用户量意味着一切的今天，如何吸引用户、抓住用户是每一家互联网企业都十分头疼的问题，但有些企业似乎总能轻而易举地做到这一点，比如 Airbnb，比如 Uber。它们是怎么做到的？有没有什么诀窍？读完这本书，你可能就会找到答案。

许单单

3W 咖啡创始人，拉勾网创始人

创业不易，得到用户和资源是企业成长的必备，而增长黑客的意义在于用最小的成本连接更多可能的资源，用可能多的方法使其转换为最大化的价值，这是创业型企业必须了解并学习的一项技能。感谢增长黑客概念的引入，让创业者用最小的成本，打通了获取用户和资源的通道。

范　冰

畅销书《增长黑客》作者

这本《增长黑客营销》是一本在美国的增长黑客群体里无人不晓的里程碑式著作。作者瑞安·霍利迪本身就在互联网公司从事营销推广数年，积累了宝贵的经验和前沿的视野。

单仁博士

单仁资讯集团董事长

将原生于硅谷的先进理念“增长黑客”引入中国，开拓国内创业者、互联网公司的眼界，为市场营销人员提供新思路，《增长黑客营销》功不可没。

覃　超

峰瑞资本技术合伙人，前 Facebook 工程师

Growth Hacking（增长黑客）是最近在硅谷流行起来的一个概念，指的是用软件工程技术加数据驱动的方法来促进增长。Growth Hacking 适用的领域很多，基本上互联网产品的各个阶段都可以用到。

远在 2007 年，Facebook 就已经成立 Growth 组，开始用 Growth

Hacking 来实现用户数和活跃度的增长。现在,对硅谷的新贵公司(比如领英、Uber、Airbnb 等)来说,Growth Hacking 组和相应的软件增长方式已经是标配。

这两年,Growth Hacking 在国内也越来越火,很多新一代的互联网公司也开始使用 Growth Hacking 的方法来实现用户数有机增长。那么,Growth Hacking 到底是什么?如何在自己公司的产品里加入 Growth Hacking 的元素?我想不管你是市场营销、产品经理、运营或者技术人员,都能从这本书里找到相应的答案。

魏家东

东狮品牌咨询 CEO 品牌营销专家,《数字营销战役》《借势》作者

像黑客一样营销是很多营销人的梦想,病毒营销这种极具传染性的手段,让营销从传统意义的"传播"改变为"播传",播传一个创意、一件产品、一支广告、一句话……在移动互联网时代,紧密的关系链更容易引爆病毒营销,而口碑的形成与用户的主动推荐分享都是他们"被入侵""被感染"的结果。学习这本书,让你的营销更具病毒性!

戴雨森

聚美优品联合创始人、产品负责人

移动互联网时代,市场营销唱主角的不再是传统媒介,也不是

“不知道50%浪费在哪”的传统投放方式。更低成本，更快速度，自发传播的新式营销，即本书所描述的增长黑客，已成为所有高速增长公司的成功秘籍。要适应这个时代的竞争，企业需要增长黑客型的人才，更需要普及贯彻这种思考方式。推荐给每一位互联网行业从业者，也推荐给所有想通过“互联网思维”改变自己行业的人。

孙甜博士

百姓网数据挖掘研究院负责人

这本书堪称颠覆之作，读完之后你会对令人眼花缭乱的互联网营销有一个更深刻的理解。这本书的实际价值在于，其提供的工具可以直接应用于企业从产品到市场各方面的革新。

作者之所以可以写出如此有价值的书，有几个原因：第一，作者本身在市场营销领域浸淫多年，亲历了增长黑客的崛起，并敏锐地看到了市场营销的未来；第二，除了工业界的深厚积累，作者对当下最前沿的营销学理论了如指掌，书中所引用的理论来自多名顶级商学院学者（如乔纳·伯杰等）；第三，作者提供了切实可行的工具和方法论，辅以方法的目的、理论和实际案例。

张　楠

《今日头条》用户增长团队负责人，前豌豆荚产品增长负责人

本书是Growth领域的先驱之作，深入浅出地阐释了Growth

Hacking 这一新时代 Marketing 概念，让读者能具象地感知如何把 Marketing 做得可追踪、可验证。更可贵的是，作者能巧妙地萃取 Growth Hacking 这种思维方式的精华，让人醍醐灌顶，是新老时代营销人的必读作品。

张溪梦

GrowingIO 创始人，世界前十大数据科学家，前 LinkedIn 商务分析团队缔造者

增长黑客本应该是企业运营最重要的一环，但却最晚从硅谷引入了国内。在范冰将其第一次大规模普及给中国读者之后，非常高兴看到这本《增长黑客营销》被引入国内。

黑客式增长将打破产品、研发、营销的边界，给为增长和变现挣扎的国内互联网公司，尤其是资源严重浪费的品牌营销部门带来新的启发和行动指南。

霍　炬

《歪理邪说》作者，《神秘的程序员们》漫画主创

随着 Airbnb、Dropbox 这样新一代的硅谷酷公司成长为全球性企业，增长黑客这个概念也逐步普及。伴随互联网一起长大的这一代人中，有些人有天生的直觉，知道如何获取流量，如何赚得关注，如何巧妙运用技术以最低成本把消息传递给他们的目标用户。

但在这一小群人之外，还有更多人处于迷惘中，似乎传统的方法不那么灵了。

互联网的热点每天都在变，新的时代应该如何应对？增长黑客是互联网思维在推广和运营上的具体体现，它不仅是一种综合能力，也是一种思考方式。

黑客这个词让这个行为变得神秘莫测，似乎让人难以掌握它。还好，真实情况没那么神秘，这本书提供了一些具体可行的方法论和案例，帮助人们快速进入这个领域，构建出适合自己的学习和行动路径。

肖恩·埃利斯（Sean Ellis）

Growth Hacking 一词的提出者，Dropbox 公司的增长黑客

瑞安捕获了增长黑客的思维力量。对一家公司的营销人员来说，这本书就是福音书。如果你读了这本书后，结果不尽如人意，那么可以肯定的是，你的产品出问题了。

安德鲁·陈（Andrew Chen）

硅谷企业家，批评家，创业顾问

增长黑客是市场营销界的新星，本书将告诉你如何从传统营销人员变身为增长黑客。

波特·盖尔（Porter Gale）

维珍集团前营销副总裁

本书为所有的营销总监敲响了警钟，同时也是所有企业创始人工程师、IT人员和设计师们的指南，大家都应该好好读一读。

亚历克斯·科尔恩斯基（Alex Korchinski）

印度Soma公司发展总监

终于有一本书能对黑客式增长做具体的解释，并且文辞晓畅，又有真实的案例分析和应用策略。

蒂莫西·费里斯（Timothy Ferriss）

超级畅销书《每周工作4小时》作者

霍利迪既汲取了意大利政治思想家马基亚维利的精神，又继承了广告之父大卫·奥格威的思想……这位聪明能干的年轻人，拥有你闻所未闻的秘密武器。

帕特里克·瓦兹克维兹（Patrick Vlaskovits）

Growth Hacking一词的提出者，《精益创业家》合著者

瑞安的策略能帮助每一位精益创业家扩大业务，掌握营销和增长的艺术。

亚伦·吉恩（Aaron Ginn）

StumbleUpon 公司的增长黑客

瑞安的工作艰巨而伟大。增长黑客是个复杂的领域，但他却能突出重点，让它浅显易懂。增长黑客重新定义了市场营销，这本书让你棋先一着，击败对手。

烧钱做营销，不如换上增长黑客的大脑

《增长黑客》作者

范　冰

“互联网 +”战略之下，我的不少资深的互联网从业者朋友们纷纷临危受命，受邀加入传统企业，肩负起操刀转型的重任。然而，实际运作一段时间后，点石成金者寡，浅尝辄止者众，不少人感叹每日如坐针毡，有的毅然退出，甚至宣称自己将再也不踏入传统企业半步，无论对方承诺的工资待遇多么优渥。

专业人才不敢轻易下水，传统企业只能靠自己生硬突围。这种互联网思维节奏与传统企业运作模式的看似不可调和，正成为困扰企业家们的痼疾。

究其原因，许多人还是将“互联网 +”视作简单的“从线下

挪到线上”，而没意识到这本应是一次彻头彻尾的生态重建。

但互联网也并非像某些媒体或业内人士吹嘘得那样高深莫测。它无非是又一种工具，从这点意义上来说，互联网如同蒸汽机、发电机或是冰箱、电话那样稀松平常，它协助人们提高运算效率、降低沟通成本、拉近物理鸿沟、简省冗余流程，最终实现人与人、人与物、物与物的联通。然而，对形式的过分追求往往会掩盖本质。君不见，国内曾经有一段浮躁时期，两三个人只要随便捣鼓出个 App 就很有可能拿到一笔风投。对此，投资人的通用解释是：看不懂，但又怕错过，先抢了再说。

2015 年下半年，国内的资本市场终于经历了一场寒冬。许多中小型创业公司关门歇业，不少硅谷独角兽的中国分公司内部震荡，还有一些发展势头迅猛的寡头公司也不再靠烧钱补贴来争夺市场，无奈选择以兼并收购的方式屹立存活。短期虽然会有阵痛，但在我看来，这也不失为一件好事，它意味着以互联网和移动互联网为噱头的商业形态正在趋于理性，回归本质。人们从未像现在这样关注一家企业的实际业务情况，关注其赢利，关注其增长。

我想这也是“增长黑客”概念得以被大众广泛接纳的时代背景。行业格局尘埃落定，渠道红利消失殆尽，无底洞式的烧钱营销不再管用，熟人刷脸裙带关系的路数也很难奏效。你必须绞尽脑汁地做出产品，做出用户爱用的好产品，并且产品最好还能自己发声，带动自然增长。这虽然是每一个互联网创业团队梦寐以求的，但也绝不是可遇不可求的。善用黑客式增长的理念方法就可能做到。至少这在我写作《增长黑客》

时就完成了两次验证。

首先，拙作《增长黑客》只是我创业过程中持续学习的副产品。我第一次前往北京与朋友合伙创业，是做一个面向年轻人的“二次元”动漫项目。遵循精益测试、小步快跑、指标导向和数据分析等原则，加上产品和传播上的亮点创意，在短短一年内，我们的产品成功积累了百万量级的活跃用户，并且在资本寒冬的洗礼中幸运地存活下来，获得了几家颇具慧眼的投资机构的青睐。而同期出道的其他二次元产品则惨遭阵亡。可见有价值、有增长性的产品才能笑到最后。

其次，《增长黑客》这本书从策划到诞生也尝试运用了一些黑客式增长的技巧。例如提前在网上放出试读章节作为最小化可行产品（MVP）来验证读者的口味，聪明地邀请推荐者以培养传播初期的意见领袖和种子用户支持，以及主动散播“伪盗版”来稀释网络上的盗版电子书，从而延长正版实体书的生命周期等。这些有益的尝试，配合书的内容质量本身，让我虽身为首次写书的新人，仍得以幸运地跻身2015年豆瓣评选的经管类畅销书前五名，甚至将书行销港澳台及海外。由此可见，黑客式增长并不是互联网专属的黑科技，在传统领域也多有可鉴。或者说，它本身就脱胎于存在了千年的商业逻辑，只是从原子世界跨越到比特世界时稍加改变和进化而已。

而您手中的这本《增长黑客营销》则是一本在美国的增长黑客群体里无人不晓的里程碑式著作。作者瑞安·霍利迪本身就在互联网公司从事营销推广数年，积累了宝贵的经验和前沿的视野。这本书最早以电子书的形式销售，我在撰写《增长黑客》时也有所参阅；后出版为纸质书，如今被中资海派出版社引入国内。它的繁体中文版此前已经以《成长骇客行销》的译名在中国台湾地区上架，在诚品书店陈列继而引发岛内热议（顺便一提，我的台湾版《成长骇客》也与之并排陈列，这不得不说是一种微妙的缘分）。相信随着简体中文版的问世，势必又将掀起一波黑客式增长的热潮。

值得一提的是，黑客式增长不是解决一切增长问题的银弹。我希望读者们不要仅停留在对案例的简单阅读仿效，而是真操实干地钻研打磨出适合你自己的一套黑客式增长的方法论。祝各位创业成功。Happy hacking！

注：本书所有专家点评、专家解读均出自畅销书《增长黑客》作者范冰之手。

速度制胜的增长黑客

科特勒营销集团高级顾问

孙路弘

天下没有不能破译的密码，只看你愿意花多少时间。一组 64 位的密码，用一台普通电脑大约 20 天可以攻破，用一台超级计算机，大约 1 小时就可以攻破。让秘密不被泄露的正确方法不是设置更长的密码，而是每分钟变换一次。这就体现了黑客的速度优势。

黑客的速度优势可以应用在谍报攻防中，也可以应用在市场营销中。紧跟刚发现的客户需求，将其落实到产品中，让产品设计与消费者建立互动，需要的就是黑客速度。

互动速度越快，产品流行的范围就越广。更紧密地满足消费者期待，有助于培养品牌黏性。

2001 年，乐高高调宣布，将每年在全球聘用 100 位 8 ~ 15 岁的孩子，作为产品设计体验代表。这些孩子会直接参与乐高的产品设计中。如今，乐高每次推出新产品，都能取得市场认同。这与启用儿童产品体验设计师密不可分。

无独有偶，早在 1996 年，美国好时巧克力公司就聘用过儿童当巧克力体验人员。好时巧克力从包装纸、包装画，到巧克力大小、薄厚、软硬都参考了儿童的意见。

这样的策略发展到 21 世纪的网络时代，就是你手中这本书的主题：增长黑客营销。作者瑞安·霍利迪从网络产品入手，揭示了打造爆品的密码：增长黑客的参与。

病毒的扩散模式，被增长黑客用到了信息传播上：通过网络大范围感染的方式，快速将产品信息感染给种子用户，然后让种子用户的规模以几何级速度扩张，最终实现利润暴涨。

速度是双向的，一方面是将消费者想法真正落实到产品中的速度，另一方面是产品出现后，消费者接受并大范围传播的速度。这就是增长黑客在网络时代，改写传统营销的方法。

增长黑客运用数据，融入客户想法，扩大网络传播，形成网络时代新营销的三元素。在这三个方面天生具备优势的增长黑客，穿行于网络虚拟世界，推动着现实世界的产品交易。“产品—市场”契合度、流量、噱头、免费体验等，种种策略层出不穷，一时间，无论线上线下，人人都开始站不住脚跟，被浪潮冲向消费的第一线。

传统营销观念被网络冲击得体无完肤，一时间无所适从：简单的媒体广告不再有效，老套的促销活动不再新鲜，成型的经销商管理一再失灵，幸好有你手中这本书，至少让我们从增长黑客的角度一窥新时代的究竟。

换上增长黑客的大脑，启动发动机，踏上油门，让思维加速，跟上时代的速度，破解消费密码，横行出白色营销!

目录

GROWTH HACKER MARKETING

我承认，他们才是营销界的未来

今天算得上是具有纪念意义的一天。因为今天是我的新作《增长黑客营销》和大家见面的日子。我想先讲讲自己为什么要写一本关于增长黑客的书？

答案很简单。因为增长黑客即将引领未来。细数世界上的大型企业，它们都以很快的速度成为了我们当代的主打企业：印象笔记、Facebook、Twitter、Uber、Airbnb、Dropbox。是谁创立了这些企业？它们又是如何迅速发展壮大的？

答案就是增长黑客。这些企业几乎都是从零资本做起，如今却积累了数以亿计美元的资产，而且它们的发展过程之快，前所未有。而这些都要归功于增长黑客的助推。

相比之下，传统营销手段的效果就不那么出色了。实际上，

Facebook 就在传统营销上栽过大跟头，他们与知名独立国际广告公司创意公司 W+K（Weiden + Kennedy）合作的广告，其回报不及投入的万分之一。别再想着大卫·奥格威和《广告狂人》里的唐·德雷柏了。现在开始，多想想安德鲁·陈、肖恩·埃利斯（首批增长黑客之一，与帕特里克·瓦兹克维兹一起提出了“增长黑客”这个概念。——译者注）、耶西·法默、亚伦·吉恩、诺亚·卡根以及营销界的新一批精英吧。

我撰写此书的初衷就在于，这是在别人还没有做这件事之前，一个向众人展示营销界未来的机会。《增长黑客营销》是我首部由主流出版方命名的作品。因为是企鹅图书出版公司推荐我做的这本书，所以我就拥有了一点点的权力（比如定价由我决定），这样做的目的是为了吸引一批新读者。

在书中，你还会了解到增长黑客到底是什么人，以及他的思维方式如何产生效果，这对于我个人来说很有价值。当你一觉醒来，突然发现你工作的大部分内容和工作技巧统统落伍了，那种感觉是很恐怖的。危机感的制造者就是增长黑客，不仅仅是我，营销界中的每个人都会有这种感觉。

整个游戏规则都发生了变化，是增长黑客改变了规则。蒂莫西·费里斯（费里斯的处女作《每周工作 4 小时》曾被 25 家出版商拒稿，在被第 26 家签约出版之后，费里斯不惜一切代价地推广它，最终将其包装成超级畅销书。——译者注）的新书推广让我明白，应该摒弃所有的传统营销技巧，因此我们和 BT 下载网站联手，成就了 25 万册的销量。

我希望你在读这本书的同时，思考其中的缘由与意义。即便你目前不是营销人员，但说不准什么时候你就要发布新产品、创业，或是出版自己的图书或唱片。这本书会简单明了地向你展示非常规性的营销策略是如何被企业运用到极致的。

衷心希望你会喜欢。

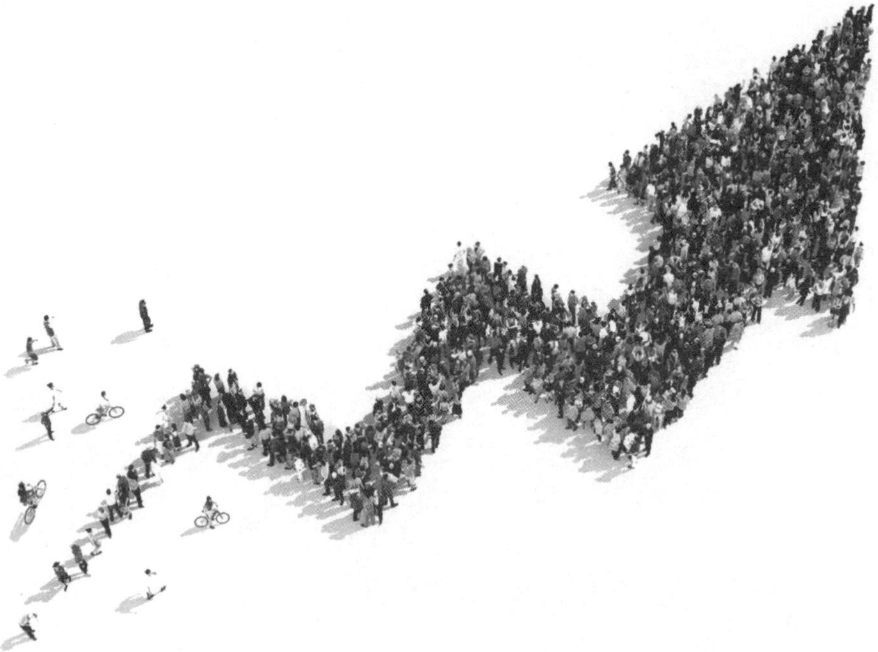

预 热

增长黑客究竟有什么可牛的?

GROWTH HACKER MARKETING

在一个寻常的上午，一条醒目的新闻闯入我的视线——《增长黑客将成为新一代营销总监》。哈？那是啥玩意儿？我就是一名营销总监，管理着一家在全球 20 个国家拥有 250 家分店、市值超过 6 亿美元的上市公司的营销部门。这下好了，我的整个职业生涯被一句话断送了。

增长黑客的终极目标，就是要在产品身上建立一种“动力自给”的营销机制，让产品自己实现本身的最大价值。

——增长黑客、StumbleUpon 创始人

亚伦·吉恩

预　热｜增长黑客究竟有什么可牛的？

1 年半前的一天，寻常的天气，寻常的早餐，寻常的日子，总而言之，这是再寻常不过的一个工作日了。

那天，我读了早间新闻，处理了几桩重要的人事问题，还确认了一下当天要参加的几个会议。接着，我驱车前往一家豪华的私人健身会所，这间会所已有百年历史，它的股东是业界知名大佬。我在泳池里游了几个来回，又跑了会儿步，接着又坐进汗蒸房，思考了一些事。

上午 10：00 左右，我走进办公室，坐在那张宽大的办公桌后，开始查看需要我签字的文件。其中有广告策划案、待审核的发票，还有几项其他提案。一个新产品项目即将启动，我要为此准备一份新闻发言稿。此外，我请一名员工将寄来的大量杂志分类后放入陈列室。

我在美国服饰（American Apparel）担任营销总监一职，管理着 6 名团队成员。在我的办公室对面，成千上万台缝纫机嗡嗡作响，操作这些机器的都是一流的服装工人。摄影工作室离我的办公室不远，产品广告都在那里制作完成。

我的日常工作和 75 年前的营销经理如出一辙，打广告、策划项目、请记者、玩创意、搞宣传，唯一不同的是，现在我手里多了平板电脑、智能手机等高科技工具。我满脑子都是品牌、千人成本（Cost Per Mille，听到或看到某广告的每一人平均分担的广告成本。——译者注）、知名度、媒体宣传、第一提及（品牌认知的最高程度即消费者在没有任何提示的状况下，想到某一类商品就立刻想到并且说出某品牌名。——译者注）、附加值以及广告份额之类的陈词滥调。这就是营销工作，一直以来，营销人员要做的就是这些事。

一群搞技术的，想抢走我营销总监的饭碗？

我并没有把自己看作《广告狂人》里的唐·德雷柏，或是现代公共关系大师爱德华·伯内斯，抑或其他任何人。但我得说，就算把我和这两个家伙换换位置，结果也差不了多少。不只是我，公司里的每个人都有这样的想法。

但是，就是在这寻常得不能再寻常的一天，我却被一篇文章搞得一塌糊涂。网络搜索热词中，一个醒目的新闻标题猛然撞入我的视线：《增长黑客将成为新一代营销总监》。

哈？那是什么玩意儿？

我就是一名营销总监，我十分热爱而且十二分地擅长这份工作。我无师自通，自成一派。25岁时，我就管理着一家在全球20个国家拥有250家分店、市值超过6亿美元的上市公司的营销部门。可是，这篇文章的作者，所谓的资深技术专家兼企业家安德鲁·陈却认为这没什么大不了的。照他所说，在不久的将来，我和我的同行们就会失业，因为一批可以替代我们的人已经出现。

他们叫做增长黑客（Growth Hacker）。这个新工种融合了硅谷文化，强调**作为一名出色的营销人员，对工作进行编码和技术解析将是一项重要工作技能**。说白了，增长黑客就是营销人员和软件工程师的结合体。针对"怎样才能为我的产品找到消费者？"这一传统问题，增长黑客给出的答案有：A/B测试、完善登录页、考虑病毒式增长因素、提高邮件到达率和善用开放图谱（Open Graph，由Facebook开发的智能搜索协议。——译者注）。

文章还说，传统的营销总监带领的是一群非专业营销人员，而具有高技术水平的增长黑客带领的则是一队与自己同样高水准的专业人士。这下好了，我的整个营销团队被一句话否定了。我就纳闷儿了，一群搞技术的怎么可能抢走我的饭碗呢？

我接着往下看，作者列举了几个企业研究案例，这些企业都是近几年创办的。它们分别是Dropbox、Zynga、Groupon、Instagram、Pinterest，仅仅几年时间，它们的市值就达到了数十亿美元。

迈卡·鲍德温是数字出版平台 Graphicly 公司的创始人，也是企业孵化器 TechStars 和 500Startups 的创业顾问。他解释说："在面临大型资金缺口时，这些创业者懂得'黑'进系统，建立自己的企业。"他们的黑客式增长理论丢掉了思想包袱、颠覆了传统观念，将营销行业重新洗牌。如今，他们以新方法、新思路，还有所谓的"宝典"，向我们一直奉为圭臬的理论公然发起了挑战。

GROWTH HACKER MARKETING 专家点评

安德鲁·陈还在这篇广为流传的《增长黑客将成为新一代营销总监》里提出了"劣质点击定律"(The Law of Shitty Clickthroughs)，即随着时间的推移，任何市场策略都会导致越来越低的点击率。这也是市场营销人员必须掌握技术思维、开拓全新竞争优势的原因之一。

我们总是想用最小的付出换来最大的回报。对于营销人员和企业家来说，这种矛盾是对其工作内容的经典描述。在这本书中，我们将看到增长黑客将这种矛盾演绎到极致，以此帮助 Dropbox、Mailbox、Twitter、Facebook、Instagram、Mint、AppSumo、StumbleUpon 和印象笔记壮大起来。

在这些新兴企业身上，最让我大吃一惊的是它们从创立伊始就忽略了一直以来被传统营销人员认同的经典技能。同时，在我看来十分重要的资源，他们也漠不关心。对于这些企业的成功，我找不到任何一位幕后营销功臣或是一支功勋卓著的营销团队，因为它们根本就没有纯粹的营销人员。增长黑客跑在了整个“营销行业”的前面，或者说，他们谱写了营销史上的新篇章。

你可能是一名营销经理，也可能是即将进入这一领域的大学毕业生，但无论如何，你都需要面对这样一个事实：首批增长黑客已经在营销行业开辟了“新航线”，他们运用的策略十分复杂，且极具专业水准。

本书篇幅不大，我会在你被文字搅得心烦意乱之前结束。我也不会用“同期群研究”“维里系数”这类晦涩难懂的概念让你入堕五里雾中，相反，书中内容会让你轻松理解并运用自如。

本书以我的亲身经历开头，也会以我的亲身经历结尾，这样做并不是为了突出我是一个多么特别的人，而是因为我认为你可以透过这些经历，了解整个营销行业。按照固有经验，产品开发和营销是两个截然不同、彼此独立的过程，而如今，这种想法已经过时。我们都发现了这样的一个问题：一直以来，大家都在用最少的付出换来最大的回报，可我们清楚地认识到，这种老套路已经越来越不管用了。

鉴于这点，我会在书中让大家有一次全新的旅程，这段旅程充满了不确定因素和波折。增长黑客认为，**营销工作并非只是做出一个方案，而是将这个方案植入产品。**

随后，产品就进入了发展、完善、优化的阶段。在这个过程中，某个阶段可能会多次重复，直到走上正轨，呈大规模快速发展的态势。本书的章节构架便是按此过程安排的。但首先，让我们明确新旧两种营销思想的不同之处。

血脉正统的增长黑客长什么样?

演艺界与其他产业完全不同。但严格说来，当某一产业要推出新产品时，任何一家企业的营销团队都会让自己的营销行为充满演艺色彩。仔细想想，我认为任何一个为产品做营销或策划的人，都会错以为自己是在为一部重磅电影做宣传。如此感觉虽好，却极为错误。这种不切实际的幻想会让我们的营销策略变得僵化呆板。

说到营销，我们的第一反应就是要有一场盛大的开幕式、大型启动仪式、新闻发布会或是“上头条”。我们一向认为支付广告费理所当然。除此之外，我们还想有名人与红毯助阵。这都是人之常情，但危险的是，我们居然还梦想着在短时间内招徕一大批消费者，如果没达到这个理想目标，就会觉得一切功败垂成，而且这种代价我们往往无法承受。我们总会产生错觉，认为自己的产品发布会应该如电影《变形金刚》首映式一样排场盛大，而非《女巫布莱尔》般门可罗雀。

不用说，这种想法实在荒谬可笑。可多少年来，你我一直被灌

GROWTH HACKER MARKETING
专　家　点　评

广告大师约翰·沃纳梅克说过：“我知道我的广告费有一半是浪费了，但我不知道浪费的是哪一半。”现如今，如果你的公司做营销推广的方式仍是这般粗放，那么有两种可能：第一，你是土豪公司，想集中做一轮品牌轰炸；第二，你根本不知道自己的目标是什么，对确立指标、检测数据这些环节缺乏把控。

输着“遵循传统”的思想，并对此深信不疑。到底错在哪里？简而言之，大多数电影都是赔本生意。

虽然影视营销有过辉煌的历史，可今非昔比了。即便在营销上投资数百万，可到最后的收尾阶段，制片方还是会轻易放弃原定的上映计划。而这笔营销费用往往比影片本身的投入还要高。就算最后他们成功了，也无人知晓其中的关键助推因素。正如奥斯卡获奖编剧威廉姆·高德曼的名言：没人知道，就连相关负责人都弄不明白，其实这从头到尾就是场高风险赌博。

不过制片方承受得起损失，毕竟也有多部资债相抵的影片。然而，其他产业与影视产业有着巨大差别。企业在创立阶段就遭受失败是你根本无法承受的，有些人甚至为之投入全部家当。如果我的书变成一堆废纸，我同样无法承受如此损失，因为我们没有其他可行的选择或是退路，事实就是这样。

现在出现了这样一群聪明人，他们会对你说："你可以不这么干。互联网及社交媒体等工具可以帮助你通过追踪、测试、反复调整等方式来完善营销活动。这样一来，我们不仅没了赌博的风险，还可以提高生产力。"这群聪明人就是增长黑客。

新的推广需求，催生新的营销思维

如果说传统营销理念是近百年来，营销先驱们传承下来的经验，针对的是20世纪消费者的需求，那么在21世纪，新思路就应运而生了。新思路的诞生与发展以新一代营销人员的新需要为前提。

1996年，电子邮箱业务刚刚兴起。在《病毒循环》(*Viral Loop*)一书中，亚当·潘恩伯格提到了一个案例：电子邮件系统Hotmail的两位创始人沙比尔·巴蒂亚和杰克·史密斯以及德丰杰基金创始人蒂姆·德雷柏面对面坐在会议桌旁。他们认为免费网络邮件这项产品具有极为广阔的前景，犯难的是如何做好宣传。

巴蒂亚首先想到的是我们一直以来都在用的产业营销方法，即广告宣传。而德雷柏认为，这是一项免费产品，耗巨资做宣传不划算。于是，他们开始想其他办法。干脆做广播广告？答案是同样不划算。德雷柏提议在网上海发邮件，这同样是老套想法，这种垃圾邮件根本不会引起人们的注意。

随后，德雷柏萌生了增长黑客式的想法。他问道："你能把宣传语放到每封邮件下方吗？”

“拜托，我们可不想那么做！”巴蒂亚和史密斯异口同声道。

“技术上能做到这点对吗？这样它就能继续传播下去，对不对？把宣传语放到邮件上，如果发件人把邮件发给另一个人，就得同时把宣传语也写入那封邮件，对不对？”

“是的，是的。”其他两人回应着。

“那么，就在下方写上这样的附言：亲爱的用户，到 Hotmail 注册免费邮箱吧。”

正是这个小举动彻底改变了一切。Hotmail 用户所发的每封邮件都是在为产品做广告。**广告之所以有如此高效的宣传效果，不是因为它可爱或具有创意，而是因为它所宣传的精美产品是很多人都想要并且需要的。**每位用户背后都藏着一批潜在用户，每封邮件都将吸引更多封邮件，以及更多满意的消费者。最重要的是，一切都可以被跟踪、观察并加以改进，并尽可能让更多用户享受到这种服务。

要知道，这种想法在当时是多么具有革新意义。说到这，就在几年前，经营宠物周边产品的 Pets.com 网站还尝试在多座城市间举办电视及户外广告宣传活动，他们在橄榄球超级碗商业广告和梅西感恩节大游行这两个项目上投资了 120 万美元。此外，为了宣传电影《无敌金刚》，Kozmo.com 网站投入上亿美元的广告费用，结果当互联网泡沫破灭时，他们和 Pets.com 一样垮掉了。

GROWTH HACKER MARKETING
专家点评

难能可贵的是，德雷柏并没有将这一做法在美国注册成专利（他原本完全可以），而是有意将其无偿开放给其他产品效仿借鉴，这一做法令许多后来者得益，也催生了越来越多的增长花样。

最初的几个月，Hotmail 的创始人们都不同意德雷柏的想法，因为这看上去太简单了。但在采纳了这个提议后，企业开始呈现指数化发展态势，不到 6 个月就拥有了 100 万会员。5 周后，会员数量实现成倍增长。截至 1997 年 12 月，Hotmail 的用户数量将近 1 000 万。后来，Hotmail 以 4 亿美元的价格被微软收购。

Hotmail 从开始的策划阶段到后来累计用户达到 3 000 万，仅历时 30 个月。虽然现在的 Hotmail 已另有所属，但它依旧存在，而与它同期的大多数同类产品，却早已消失。

这就是黑客式营销的魔力。一个价值 4 亿美元的品牌，仅花费了 30 万美元的营销费用。如果换成一家好莱坞电影制片厂或一家世界 500 强企业，30 万美元只够举行一场体面的首映式或打一次电视广告。此外，这种新方法不需要执行者拥有任何营销经验。

如果你认为 Hotmail 的成功只不过是侥幸逃过了互联网泡沫的劫难，那么我要告诉你，几年后，谷歌也用了同样的营销策略策划了 Gmail。如今，Gmail 已经成为免费邮箱服务的领跑者。首先，谷歌设计了一款出众的电子邮箱产品，接着，它仅通过邀请用户注册来吸引用户。随着注册量的稳定增长，Gmail 就有了一定的用户基数，而知名度就在这些人中逐步提升，直到它成为名气最高、口碑最棒的免费邮箱。

很多产品在策划之初都很不起眼，但它背后的点子却极具创意和爆发潜力。我会在书中经常谈到这些点子。

硅谷新一代天王巨星

从 Hotmail 及其他技术领域的产品来看，增长黑客们已经突破了各种限制，推动了营销行业的发展。他们看重数据信息，且不按套路出牌；他们开创了全新的营销模式，旨在将电子邮件、数据信息、社交媒体等多种网络工具运用到极致。

几乎在一夜间，增长黑客就成为硅谷的新一代天王巨星。《快公司》和《企业家》杂志等互联网新闻博客，以及其他数不尽的媒体出版物上都可以看到他们的身影。各大社交网站上登满了招聘启事：我们公司需要增长黑客！

增长黑客的工作并不是一直以来我所了解的“做”营销，而是让企业极速成长，让企业资源从无到有，再通过一种不可思议的方式让手中的东西变得炙手可热。这种新思路下的营销推广不再是千篇一律的机械工作。

对不同的人来说，“增长黑客”这个词，有着不同的意义。按照个人的理解，我是这样定义他们的：

> 增长黑客就是摒弃了营销的陈规，并用可测试、可追踪、可度量的思维方式颠覆传统的人。他们手中的工具是电子邮件、点击付费广告、博客、应用程序平台，而不是传统意义上的广告、宣传活动和金钱。
>
> 当增长黑客的营销同行们还在稀里糊涂地追求品牌和预售率时，他们正千方百计地提高用户数量，寻找增长点。一旦找准了增长点，种子用户就会带来更多的用户，用户数量就会成倍增长。
>
> 增长黑客是投资者、经营者，同时还是一位高明的技术人员。他们不断自我修复、调试、完善，并在此过程中让企业资源实现从无到有的奇迹。

我不会在这本书中把增长黑客的定义当做重点进行反复讲解。各位读者，我们有着共同的目标，或是尝试把企业做大，或是为网站做策划，或是为项目做宣传，又或是为在线募资工程拉赞助。而我们今天的行事方式与以往有了本质的不同。

增长黑客无需花费数百万美元来发布产品，而是凭借零资源让新兴企业发展壮大起来。受资源的局限，增长黑客运用创新思维方式，把初创企业一步步打造成价值十几亿美元的知名品牌。他们没有遵循好莱坞式的宣传营销规则，甚至对此策略持否定态度。他们没有用广告活动向公众展开猛烈攻势，也没有通过纸媒吸引公众注意，他们只是对特定人群进行剖析、定位，然后再实施特定的营销策略。

GROWTH HACKER MARKETING 专家点评

在词典中，“增长黑客”并没有统一的定义。根据不同从事主体、不同服务对象和不同行业阶段，这一概念将不断拓展完善其外沿。但无论如何，数据驱动、善用工具和创造性思维是永远不变的题中之意。

数据专家＋设计大牛＋营销天才＝增长黑客

老实说，传统营销人员总把自己幻想成艺术家，这没什么不好的，我自己就渴望成为一名艺术家。这种渴望可以激发人的工作热情，把工作当成生命，将营销做到尽善尽美。不过，这种渴望也会把人变得极其无知，浪费无数的宝贵资源。

《哈佛商业评论》的一项研究发现，80%的营销人员都不满自己对营销投资回报率的评估能力。这倒不是因为评估工具不够好，恰恰是因为这些工具太好了，以致营销人员发现自己的策略常出现漏洞，而且投入的庞大开销完全不值得。

GROWTH HACKER MARKETING
专家点评

这一调查结果以国内移动互联网流量分发渠道的格局变化为例来理解就是：移动互联网爆发之初，所有人摸着石头过河，行业内享受着低成本甚至零成本推广的流量红利；几年后，随着行业巨头陆续布局完成，具有一定规模和商业价值的渠道被大佬收编，小渠道缺乏生存空间而陆续消失，于是渠道推广成本持续升高，原本一两元的用户涨到几元甚至几十、上百元。

诺亚·卡根是效力于 Facebook、个人理财服务网站 Mint 以及团购网站 AppSumo 的增长黑客。他言简意赅地说："一直以来，营销行业所面对的都是同样的问题——谁是你的消费者，他们在哪里。"

增长黑客要做的就是用一种可量化的方式，更加合理地把注意力放在"谁"和"哪里"这两个核心问题上。营销行业曾以品牌为基础，但经由增长黑客一阵大闹，它有了新的度量标准，并被投资回报率驱动。突然间，为你的产品寻找消费者，并吸引他们的注意，都不再是以往那样的猜谜游戏了。然而，增长黑客可不仅仅是用更好的度量标准来做营销。

增长黑客认为自己是程序员出身，其实他们是数据专家、设计能手与营销人员的结合体。现在，他们欣然接受了这种说法，并用不同的方式演绎着这个角色。在这个直觉和艺术偏好长时间占据大脑的世界，他们认为自己需要这种清晰的定位。这就是新方式更适合未来发展趋势的原因。

随着一些巨型企业的衰落甚至倒闭，以及一批新兴企业、应用程序商店、网站的迅速崛起，营销行业也需要缩小活动规模、转变重心。想通这一切之后，你就会明白，如今营销人员应具备的工作技巧不再是帮助那些大型企业在 1 年内实现 1% 的收益增长，而是要最大化利用手中仅有的资源（接近无的资源），创造一个全新的品牌。

GROWTH HACKER MARKETING 专家点评

实际上，我接触过的最优秀的增长黑客大多是程序员出身，他们对技术有较好的理解，能够明白技术的边界在哪里，因此，在制订方案和执行过程中更加脚踏实地，而不是天马行空地提出创意，却不知道该如何将它以产品形式实现出来。

或许你正尝试着为众包项目或应用程序商店筹资，但无论如何，你都要思考这个问题：要用何种可度量且行之有效的方式，来吸引目标人群，同时迅速提高并保持关注度?

我们应该庆幸增长黑客的工作模式并非为某家企业专有，因此不用被保护得严严实实。实际上，增长黑客甚至是在公众的交流中，渐渐成熟起来的一个职业。亚伦·吉恩说得好：与其说增长黑客这个行业是个网络工具包，不如说它更像是一种思维方式。

好消息是，只要你肯改变旧有的思维方式，那么你就可以成为一名增长黑客。当然，如果你刚踏进营销领域，这意味着你原本就没有陈旧的包袱。增长黑客这种工作不用循规蹈矩地按原定的套路做事，而是要将营销做成一个动态流程。他们工作的核心观念就是要把“营销是一种独立的行为，它遵循企业或产品发展的生命周期”这种想法彻底抛开。营销就是一种思维方式，就是一种审视企业自身的视角。

做不同的工作就要使用不同的工具，而增长黑客的杀手锏就是思维方式。我敢保证，等你读完这本书，你会完全掌握这种思考方式。本书的结构安排会引导你学习如何从一个用户身上获利，直至从百万个甚至更多的用户身上获利。

我现在正把过去两年来学到的知识以及研究成果，还有从世界最著名的增长黑客那里得到的第一手经验进行浓缩处理，取其要义。

我想展示给读者们的是增长黑客的行事方式，以及为什么未来属于他们。他们的思想是如何渗透到新一代企业中的？他们是怎样彻底重塑营销界、公关界以及广告界？图书作者又如何在图书发布活动中实现黑客式增长？

这个过程要追溯到营销活动初期，比你想象的要早得多。实际上，新的营销思想不是在发布活动之前几周才开始酝酿的，而是早在产品的开发、设计过程中就已经有所体现。所以，对整个营销过程来说，你在产品开发与设计时所选择的营销决策，才最为重要。

GROWTH HACKER MARKETING 专家解读

你要的是鲜活的用户，还是仅代表用户身份的头像？

对增长黑客而言，技术之于产品营销有着怎样的价值呢？

技术是实现产品的基础。只有当你了解技术的边界在哪里，才不会再天马行空地提出无法实现的需求。而与你合作的研发工程师，也会更愿意配合你，将你的想法付诸实践（而不是整天抱怨这个做不到、那个不可行——这通常是开战的前兆）。尽管增长看似与市场营销部门的职责相一致，但增长黑客应当隶属于研发部门，其职责并非仅仅提供创意，而是必须对创意能否落地负责，并为实际执行效果买单。

由技术驱动的增长，源自对问题的结构化和对数据的流通化。通过反复追问，你将从代码层面获得对问题的全新认识：我想要的究竟是一个个鲜活的用户，还是 500 个代表用户身份的头像？我应当花钱升级服务器硬件，还是砍掉不必要的数据展示从而减少接口请求次数、提高稳定性？我应该设立至高无上的统一标准筛选出最优质的用户，还是通过个性化算法让每个用户都匹配到最适合的人？这将为你打开思考问题的全新视角，实现高效率。

增长黑客使用的技术，有时并非高深莫测的“黑科技”，产出的成果也并不总是与写代码的工作量成正比。Hotmail 利用邮件签名制造口碑传播的伎俩，开发起来不到 20 秒；我在拙作《增长黑客》“获取用户”一章展示的，通过“数据抓取”解决社交应用冷启动的案例，用到的命令也只不过一行（curl）；而在“病毒传播”一章中，云诺网盘“世界末日”零成本营销之所以获得广泛的用户自发传播，得益于我们刻意不去修复明显的 Bug，主动将其暴露给热衷炫技的程序员——它的工作量因而是零。所以你看，聪明的增长黑客懂得最大限度地偷懒，做的少，效果反而更好。

通常，对增长黑客来说，使用最新最酷的技术也是大忌。新技术通常意味着更低的平台兼容性、技术支持和实践成果。尽量不要重复发明轮子或成为第一个吃螃蟹的人，记住，技术是用来解决问题的，现阶段的解决方案够用就好。

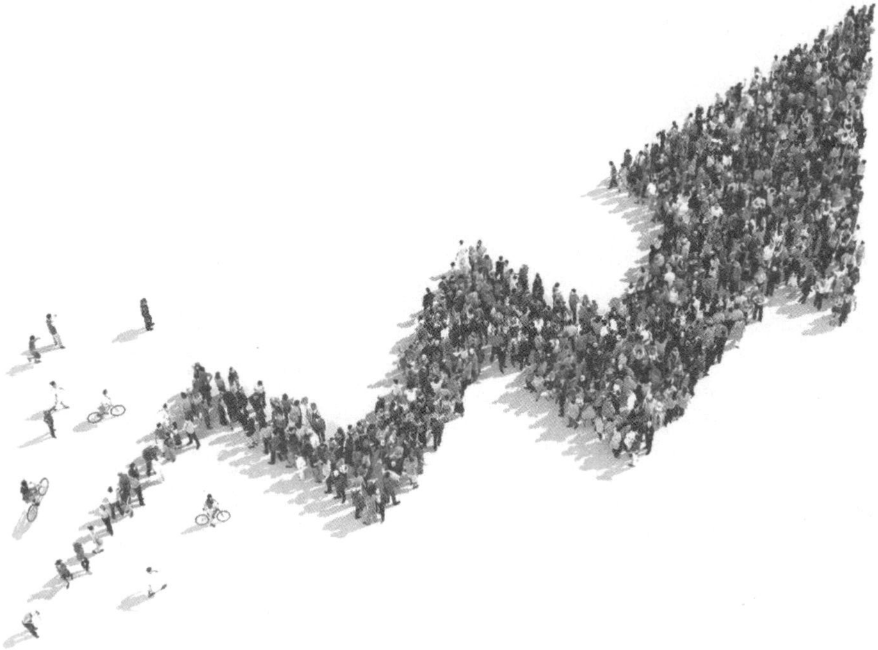

步骤 1

参与产品开发：从“产品—市场”契合度说起

GROWTH HACKER MARKETING

最初，Instagram 只是社交网站 Burbn 上附带的应用程序。然而，创始人发现，面对多种功能选择，用户使用最多的只有滤镜这一个。于是，他们把 Instagram 变成一款专门对照片进行滤镜处理，并支持上传至网络的应用程序。

结果呢？Instagram 上线不到一周，就吸引了 10 万名用户；不足 18 个月，市值达到 10 亿美元。

做人们想要的东西。

——美国著名程序员、风险投资家

保罗·格雷厄姆

知道最最糟糕的营销决策是什么吗？就是你推销的产品压根没人要。

然而多年来，营销人员却一直把这当成工作内容，默默忍受着。我们都告诉自己：“搞营销的，就得有什么卖什么，不能想卖什么就卖什么。”之后，我们会百思不得其解，为什么营销策略会失败，为什么代价如此惨重。

GROWTH HACKER MARKETING 专家点评

美国市场研究公司 CB Insights 曾通过分析 101 家科技创业公司的失败案例，总结了创业失败的 20 大主要原因，其中“没有市场需求”以 42% 的绝对占比成为首要因素，超过“找不到盈利模式”“团队成员不给力”“在激烈竞争中落败”等。

起初，增长黑客最吸引我的地方就在于，它的营销手段与之前那些本身具有明显缺陷的营销思想完全背道而驰。**增长黑客认为，产品，甚至整个企业以及商业运营模式应该一直处于调整状态，直到产品在第一批受众中引发爆炸式反应**。也就是说，最好的营销决策就是让手中的产品或服务能够真正满足目标市场的迫切需求，无论调整、改善的过程有多么曲折、漫长。

以 Airbnb 公司为例，目前，它是一家市值 25 亿美元的房屋租赁网站。正如其创始人布赖恩·切斯基说的那样："在 Airbnb，从帐篷到城堡，顾客能预定到任何想要的住所。"

然而，在 2007 年企业建立之初，创始人们的初衷是想把自家屋内闲置的空间租给别人当作吃饭睡觉的地方。网站原名为 AirBed and Breakfast（充气床和早餐），他们将充气床垫放在地板上，还为租户提供免费的自制早餐。

但切斯基和其他创始人并不满足于此。于是，他们回到营销事业的起点，希望通过时下流行的科技手段重新定位服务内容。他们打算借设计大会这一契机，在各家宾馆爆满时，让与会人员通过他们的网站找到其他住处。很明显，这个市场更有前景，可切斯基与其他创始人认为，他们还可以做得更好。

于是，他们又做了一次调整，转而将目标锁定在一类奇葩旅行者身上。这些旅行者不想住房车，不想住青年旅馆，不想住酒店。最后，根据市场反馈及营运模式，他们将网站的名简化为 Airbnb，免去了提供早餐和住宿的服务项目，并将服务宗旨重新定位为“为顾客提供任何可以租用或预定的住宿场所，包括普通客房、公寓、火车车厢、船屋、大型宅邸、阁楼甚至私人岛屿”。这个想法引起了极为强烈的市场反响，世界各地的订单蜂拥而至，网站年预订量猛增至上百万。

其实 Airbnb 的创建初衷本来就已经很好，按理说，创始人们本应竭力巩固并发展“租空间给顾客，为他们提供早餐”这项业务，顺理成章地建立一个小型企业。然而，他们认为自己的产品和服务仍有完善的空间，同时他们也有能力改进，直到诱发产品释放出最强影响力。这样的营销决策无疑是棒极了。

看到市场反应没有达到理想效果就重新回到营销事业的起点，在传统营销人员的印象里，我们从未这样做过，在不怎么样的产品或企业身后一个劲地吹捧，倒是我们经常做的。

多走一步，你离成功可能只差 1% 的完善

这样的例子不仅 Airbnb 一个。最初，Instagram 只是社交网站 Burbn 上一款用于处理照片的应用程序。这款程序深受核心用户群的青睐，并吸引了 50 万美元的投资。然而，创始人们发现，使用者都只钟情于滤镜这一特效功能。

于是，他们召开了一次会议。后来，其中一位创始人这样描述

那场会议：“会上，我们谈到‘接下来要做什么？怎样把它完善成满足万千大众需求的产品？怎样才能让这款产品独具特色，让使用者感兴趣？’”

很快，他们就把 Instagram 完善成了我们现在所了解的模样：一款可以对照片进行滤镜处理，并将其上传至网络的应用程序。结果呢？程序上线不到一周，就吸引了 10 万用户。不足 18 个月，创始人们就以 10 亿美元的价格将 Instagram 转手卖了出去。

上文提到的两家企业都经过长时间的探索，才实现了增长黑客口中所说的 PMF（Product Market Fit，“产品—市场”契合度，产品与市场相契合的状态。——译者注），即产品和消费者之间的完美匹配。《精益创业》（*The Lean Startup*）的作者埃里克·莱斯认为，产品与市场相契合的最佳途径就是：从可行性最低的产品着手，根据市场反馈，不断对其进行完善。这与大多数营销人员“使出浑身解数，力推我们所认定的最终产品”这一做法完全相反。

今天，同其他人一样，营销人员的工作是要确保 PMF 模式的顺利运作。营销人员不能守株待兔，而是要亲自参与整个完善过程：确定目标群体，弄清他们的需求，再设计出他们会钟情的产品。所以你的首要任务就是不要坐在那里静观事态发展。

亚马逊公司有这样一项政策：在开发新产品前，甚至在整个团队开始工作流程前，产品经理必须针对所要开发的产品，向其上级提交一份报告。这项政策能使整个团队集中精力探寻具有潜力的新

GROWTH HACKER MARKETING 专家点评

“精益创业”是由“精益生产”演变而来，后者由“丰田生产方式”创始人大野耐一创造并且实践得来，在现代制造业有着难以撼动的地位。“精益”二字，意为去粗取精，摒弃冗杂陈旧的老一套，改为以顾客为导向、围绕真正需求设立指标并重新安排生产过程，从而凭较少的投入产生巨大的收益。这一切所强调的不是科技手段的革新，而是生产形式的革新。

产品，以及这些产品应该具备怎样的特点。我敢保证，那些与增长黑客保持一致思想的人，肯定会乐于执行这项政策。

新产品自然是要经历开发阶段，然而不要任其随意发展。我们应该凭借规则、政策以及得到的反馈，主动向它施加影响。增长黑客就是如此，也就是说，PMF 模式的背后有数据和信息的强大支持。

PMF 模式是行业内的一个专业词汇，初听可能会摸不着头脑。那么，让我撇开这些行话，简单明了地给大家解释一下。在阅读安德鲁·陈那篇文章之前，我就已经熟知这种模式。

我的多数营销工作都是与图书打交道。过去 5 年里，我曾与六七位畅销书作者合作过，当然，还有很多不那么出名的作者。按我的经验，那些出版失败图书的作者，往往是两耳不闻窗外事的家伙。他们会苦苦撰写书稿 1 整年，然后老老实实地将书稿交给出版商，接着静静等待出版。他们倒是希望图书畅销，可结果总是不尽如人意。

而我的另外几个客户，在图书出版之前，他们会先广发博文。这样做不仅可以让自己找到读者感兴趣的主题，还可以从读者那里得到强烈的反馈。比如其中一个客户就把谷歌查询连接到自己的网站，并因此卖掉了一份图书计划书。在撰写书稿时，他们会在博客上测试自己的图书构思，图书进入宣传期后也会这样做。他们会询问读者想读什么样的内容，会根据帖子的评论数量来判断主题思想是否妥当，会根据文章在 Facebook 上被“分享”的次数来判断受欢迎程度。他们会在网上发表极具潜力的话题，小心地隐去自己的广告意图，然后默默接收反馈。他们会观察其他有影响力的博主都在关注哪些热门话题，然后想方设法将这些话题融入自己的书中。

GROWTH HACKER MARKETING 专家点评

我自己在撰写《增长黑客》的时候就曾借鉴 PMF 的理念，在写作过程中时不时发布一些样章到网上，有些无人问津，有些反响热烈，于是我参照那些反响热烈的文章的笔法来统一写作风格，再辅以对电商网站图书频道销售排行榜的研究，最后写出了个人生涯的第一本畅销书。实际上，在《增长黑客》的宣传期内，我除了送书给朋友，没额外花一分钱。

以上两类作者，后者进入了 PMF 模式，前者则永远实现不了。他们一个是增长黑客，另一个只是猜谜游戏的玩家。

对我来说，要为这两类作者做营销，其中一类很容易，而另一类则让我完全找不着头绪。一个只需要稍微推它一下，整个系统就可以飞速运作起来，另一个则举步维艰。

或许你会像 Instagram 那样一下就成功，或许你还需要再做 1% 的改善。正如马克·安德森（美国网景公司、Opsware 软件公司、Ning 杂志创始人，同时还是 Facebook、eBay 和惠普公司董事会成员。——译者注）所说：“企业应该不惜一切代价去追求 PMF 模式。哪怕需要进行人事调动，或是彻底更新产品，或是要重新定位目标市场。甚至在你认为时机还不够成熟的情况下，你也要勇敢地对消费者说‘现在还不行’，然后等到时机完美时再迅速出击。进行多轮低级别风投融资也是一条路子，总之，你要不遗余力。”

此时此刻，一切都摆在了明处。

问答法：“这款产品为什么让你停不下来？”

在这种新的营销模式中，你要谦逊地接受一个事实：营销人员不是团队中最重要的成员，甚至是可有可无的。有时候，营销人员能做的最好的一件事，就是别用传统观念绑架别人。因为在工作中，露在外面被人看到的部分，恰恰是最不重要的部分。

拿印象笔记来说，在最初几年，他们将产品营销零投资作为整个企业的一项规定。印象笔记的创始人菲尔·利宾曾在一次谈话中这样告诉一群企业家："如果一群人不把精力放在创造完美的产品上，那他们永远无法成功。"于是，印象笔记把营销费用从预算中剔除，转而将它投入产品开发。毫无疑问，在初创时期，品牌形象树立的速度慢如蜗牛，但这一切都是值得的，因为现在的印象笔记已成为了知名度极高的世界顶级产品。

当然，这并不意味着印象笔记没想出些好点子为自己的产品做宣传。比如，团队发现一些消费者抱怨说，他们在开会时喜欢用笔记本电脑做笔记，可老板却怀疑他们在用电脑做别的事。于是，印象笔记设计了一种贴纸，上面写着这样的标语："我没有不礼貌，我正在用印象笔记做笔记。"就这样，从一场会议到下一场会议，印象笔记的"死忠粉"们成了一张张活动广告牌。

GROWTH HACKER MARKETING 专家点评

如今，印象笔记的日子也不好过了：用户需求逐渐饱和且并不构成刚需，很容易被轻量级的系统自带工具（例如，Mac 电脑的备忘录）轻易取代。乔布斯认为"云同步服务只是特性，不算产品"。印象笔记如今的境遇可谓"成也产品，败也产品"。

我们常把营销看成一种静态活动，如果大家能改变这种想法，那么整件事就都变了。营销人员的工作不是处理手中的产品，而是研究、改进它。以前，我们要反复借助记者的笔和用户的嘴，为毫无影响力的产品做宣传。现在，只要不断修正自己的想法，总有一天它会通过多种方式让产品自己找到销路。按照这种思路，我们就应该利用反馈信息不断完善产品。

如今，游戏规则发生了变化。第一个把产品推向市场的人不再是大奖得主，真正的胜利者是第一个实现 PMF 的人。这种模式一旦被启用，那么你的营销工作，就会像火星儿掉在浸满汽油的燃料堆上一样一发不可收。至于那种老套做法——拿着火柴在火柴盒上划来划去——就只能听天由命了。

我要说的就是，没有满足 PMF 模式的营销，都是在浪费时间。当然，你也可以借助很多工具实现这一模式。

从谷歌到 Optimizely，到 KISSmetrics，你有许多渠道可以了解你的用户在做什么，以及对你的网站有什么看法。与直觉相比，这样的调查会使你离 PMF 模式更近一步。

这中间，最有效的还是问答法。我们必须针对每一步假设都提出问题：这个产品为谁设计？他们为什么要用它？同时，你还要向你的消费者提出问题：你购买这款产品的动机是什么？你为什么没有向其他人推荐这款产品？你认为它的缺陷是什么？优势是什么？

为了让调查更具科学性，不要向那些非目标消费者或你的朋友询问这些问题。你可以借助调查系统服务网站 SurveyMonkey、线上表单生成器 Wufoo、在线文档编辑器 Google Docs 等工具，这样就可以轻而易举地向顾客发送调查问卷了。

GROWTH HACKER MARKETING 专家点评

创业团队应将时间精力花费在真正重要的环节，尽可能将非核心业务外包给第三方工具或团队。切忌重复发明轮子。

我并不说要你收集所有的反馈信息，只是要你掌握关键信息。黑盒方法（Black-box Approach，指从用户的角度来看一个器件或产品：不关心其内部构造和原理，而只关心它的功能及如何使用等问题。——译者注）不再必要。市场瞬息万变，你需要即时调整。

这是历史上的第一次，我们可以为还没有上市的产品做调查。所以以后不用再对朋友、同事及家人大倒苦水，指责自己的产品没市场了，是你自己不提前调查清楚。

PMF 模式并不玄乎，它的出现也并非偶然。想追求 PMF 模式的企业需要做好准备，因为你可能要奋战几周，甚至几个月，你任何决策的背后需要有强大的事实支撑。正如消费者所感知的那样，进入 PMF 模式后，产品最终版本与开发阶段相比，会产生本质的变化。不过，即便启动了 PMF 模式，也不能只是静观事态发展，等着成功主动上门。下一步要做的，就是把消费者领进门来。

为什么明显不靠谱的产品也能问世?

没人不希望自己的产品受用户欢迎。但市场上的确存在大量令人啼笑皆非的不靠谱产品，他们并没有达成“产品—市场”契合度。这些产品是如何被创造出来的呢？我总结了以下5种常见原因。

第一，创始人的个人梦想和情怀。有的创始人早已功成名就，但仍怀揣少时理想，期盼打造出颠覆传统的企业，挑战固有的商业本质和市场规律；有的常驻国外或留洋回来，试图引入国际领先的模式理念，浇灌国内行业同仁，岂料遭遇水土不服。

锤子科技创始人罗永浩初涉手机制造时，就曾高调抨击尔虞我诈的商业黑幕、揭露无法容忍的行业潜规则，在工业设计、供应链管理、市场营销等环节屡次挑战业内先行者的做法。结果，美好的愿景并不能直接转化成生态链的主动配合和消费者的蜂拥而至。而后续锤子手机调整打法，陆续推出 T2、坚果手机，则被证明是明智之举——尽管很多做法与老罗当初的承诺背道而驰。

明智的企业家理当怀揣美好远大的愿景，但在实现的步骤上应步步为营，敬畏同行与市场。

第二，寻求技术的商业化路径时结合生硬。技术出身的创始人容易陷入的误区之一，是自认为壁垒高筑或手握领先技术，就一定能在转化成商业产品时迅速打开市场。他们忽略了两个简单的事实：首先，用户选择产品时，判断的标准是产品能否满足需求、完成目标，而不是产品背后的技术。其次，一项崭新的技术如果无法有效地降低自身的普及成本，那么，用户没有任何理由抛弃现有的成熟解决方案而转投你的麾下，除非这项新技术有可能为其带来指数级别的价值提升。

曾有某光环笼罩的著名算法科学家向我介绍他们团队的研究成果，一种全新的三维引擎粒子特效。他们认为这种算法技术的商业价值将来自于与网络游戏的结合。这位科学家兴味盎然地向我展示，他们做出了三种不同样式的“喷血”效果，能带来逼真刺激的感官体验。

而作为游戏玩家，我内心的真实想法是：我对游戏画面是否精致的挑剔，仅限于刚上手的那 5 ~ 10 分钟；一旦我被成功吸引、成为长期玩家，那么，在日后的游戏打斗中，我并不会在乎手起刀落时会如何“喷血”，只会盯着“爆”出什么装备、上涨多少经验；更何况，为了节省系统开销和提高流畅度，我会关闭一切不必要的特效功能，因此很可能连看到“喷血”的机会都没有。醒醒吧，技术宅们。

第三，误将自身需求放大为整个市场需求。有的创业者从自身需求出发，开发出自己用着顺手的产品。从理解需求和快速迭代的角度讲，这是一件好事。但“需求真实存在”与“需求的市场保有量足够大”没有任何关系。所谓南橘北枳，为自己量身定制的产品，一旦投放整个市场，并不见得能天下通吃。

我身边有不少朋友追求日常效率提升，热衷于尝试各种工具，在选择创业方向时也优先挑选效率工具这一类别。他们愿景美好，希望帮助广大个人用户“节省时间”，然而，项目启动之后却步履维艰，只能眼巴巴地看着同期出道做游戏、社交的人赚得盆满钵满。

对此，我的认知是：无论是从人性的角度，还是从当前中国经济结构和由国民收入决定的老百姓日常生活方式来看，大部分人要的不是“省时间”，而是“杀时间”。许多人并不能意识到时间的价值，或者没有其他途径将自己的时间转换成（相对于娱乐休闲而言）更高的价值。

所以，我不建议初涉创业的朋友选择“效率工具”这个“反人类”的产品方向，除非你有合理的增长路径、对口的用户人群。某些记账应用，无需用户手动输入每一次支出情况，而是在用户授权的前提下，自动从每月信用卡账单邮件中读取消费明细，自动生成账单流水，这种应用才真正有效率，且适合大部分“懒人”。

第四，以感官体验代替理性决策。虽说“三分天注定，七分靠颜值”，良好的第一印象的确能为产品加分，或在同质化市场中成为抢夺市场的杀手锏，但在商业计划构思阶段，“先做出来看看”的高保真的原型，尽管能给用户带来直观感受，但也可能是将产品引向万劫不复深渊的陷阱。

例如，有人策划社交产品时，想摈弃“列表展示”这种一成不变的丑陋做法，改为“在地图上星散的用户头像”。从设计师交付的设计图上看，样式的确更精美且与众不同。但产品正式上线后，预计的精美的画面可能永远不会出现——产品的用户规模要有多大，才能保证地图上半径不过几公里的用户头像密度达到预计效果？在产品启动阶段，种子用户附近很可能一个人都没有，光秃秃只能看到孤零零的自己。这样的体验就很糟糕。而采用列表展示，则能巧妙地规避这个问题。纸上谈兵，仅靠“看上去似乎效果不错”就草率拍板上马，极容易踩雷。

第五，盲目抄袭市场热点，缺乏对事物本质的深度认识。有人调侃说，如今互联网常见的商业模式，总结起来是“To B，To C，To VC”。“To VC”是指许多创业项目的出发点并非缘于发现了有价值的市场需求，而是跟着投资潮流和炒作热点走，在没看清赛道之前，光靠概念忽悠投资人买单。

如果对概念的把握停留在浮光掠影的浏览，而非鞭辟入里的剖析，就容易一叶障目、迷失方向。譬如，做一款社交应用，为了突出用户头像的真实性与通过平台自拍照片的真实感、临场感，只允许启动摄像头拍摄，不允许从相册里选择。这样的设计导向看似有理有据，却忽略了一个基本事实：用户为什么要自拍？就是想展示自己最美好的一面。因此，如果只允许用摄像头拍摄，那么用户就不能借助第三方应用来美化、修饰自拍照，或者添加各种贴纸滤镜效果，上传照片的欲望会大打折扣，毕竟不是人人都适合素面朝天。

类似的故事也发生在朋友公司的一款运动社交应用中。当时，产品经理为了追逐“短视频”这个快速兴起的市场热点，试图让用户在平台上晒出“能动”的画面，而非原本静止的照片。该功能耗时半年研发，上线以后却反响寥寥，坚持使用至今的只有三个活跃用户。

这位产品经理忽略了几个问题：正在运动的用户可能根本腾不出一只手来捕捉转瞬即逝的画面；户外运动场景下缺少 Wi-Fi 网络，上传视频难免心疼流量；汗流浃背、无法修饰的实拍视频，就如同不能美颜的照片，从根本上被自拍爱好者判处了死刑。

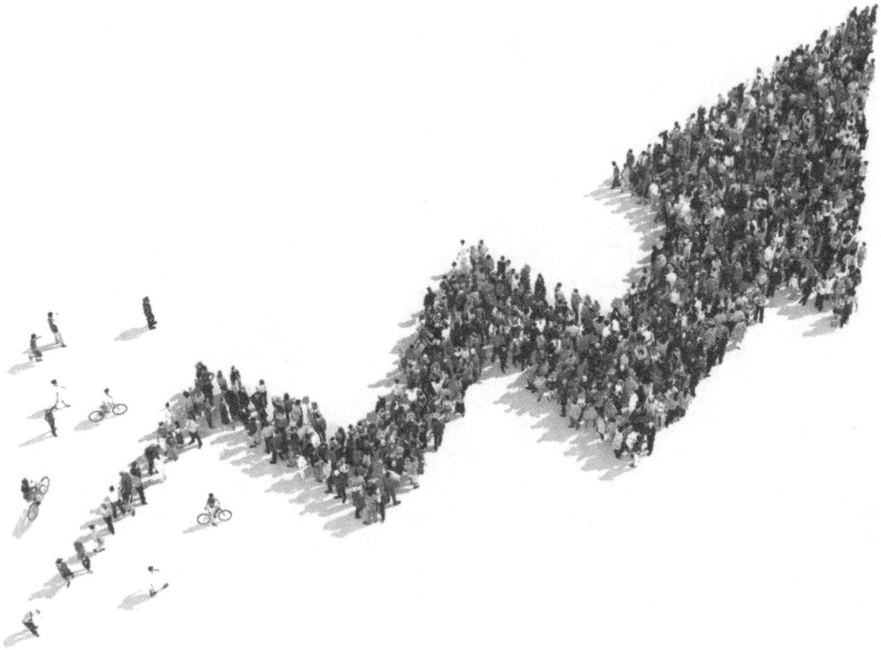

步骤 2

抓住最核心的那几千位用户

GROWTH HACKER MARKETING

同样是吸引更多用户，相较于“曲线救国”地在广告上砸几百万美元，Uber 的增长黑客式营销“开门见山”得多：在音乐节期间，提供免费租车服务。

因为 Uber 知道，只要征服音乐节上那几千名狂热的科技追随者，用户群就会被他们无限扩大。

要想成功，要想实现企业发展及营业额的增长，你必须让自己的产品营销方式和潜在消费者的思考方式保持同步。

——数字营销创业公司 Hubspot 创始人

布莱恩·哈里根

步骤 2 | 抓住最核心的那几千位用户

增长黑客这项工作，首先要从测试开始，直到我们可以自信满满地说自己拥有了一件值得营销的产品。到那时，我们就应该考虑如何开启增长引擎。没有这一步，即便是设计最精良、最有创意的产品，也会变得一无是处。

很多人都不知道，计算机天才亚伦·斯沃茨在创办社交新闻网站 Reddit 时，还构思了另外两种产品。在维基百科出现之前，他就创立过一家协作百科全书网；此外，他还搭建了一个名为 Watchdog.net 的网站，与广为人知的公益请愿网站 Change.org 网站极为相似。这两个想法都很妙，而且比我们如今使用的同类型产品出现得更早。可亚伦的这两家网站都没能吸引更多用户，因此以失败告终。

正如拉丽莎·麦克法夸尔在《纽约客》杂志中写的那样："亚伦

坚信，只要想出了妙点子，消费者就会自动送上门来。可如今他意识到，你不能等消费者，你得把他们拉进来。”

和传统营销人员一直以来所做的一样，增长黑客的工作也是把消费者拉进来。可怎么拉呢？他们当然不会采用那种效率低下、花销巨大的老办法。

有了PMF模式，我们不需斥巨资上《纽约时报》的头版去做宣传，而是在对产品宣传最为有利的新闻刊物上发布信息。我们的宣传对象只是几百或者几千名核心消费者，而不是百万大众。一下子感觉轻松了许多对吧？更妙的是，这种做法十分有效。

也就是说，产品发布再也不需要声势浩大的宣传活动，我们以前做的那些吃力不讨好的事是没用的，甚至连最初阶段所花费的工夫也毫无用处。豪华的开场不重要，重要的是要有一定的策略和新意，以吸引核心消费者的眼球。

没错，增长黑客同样要像普通营销人员一样把消费者拉进来。所有的传统营销都是以同样的方式开场，要么是新闻故事，要么是广告宣传。新兴企业则不同，他们发布产品的方法值得借鉴。

如今，Dropbox 的用户数量已经超过了1亿，可这款文件共享服务产品在上线之初，并没有向公众做宣传，甚至，新用户还得报名排队，等待网站发出邀请。为了留住最初的注册用户，创始人做了一个简单的视频小样，向他们介绍自己的服务。

Dropbox 没有雇用专门的制作公司，制作的视频也算不上精美，跟昂贵也沾不上边，当然也没想要给公众造成视觉冲击。那段视频由创始人自己录制，事实却是，他们在正确的时刻做了正确的事。事前，他们了解了一下视频将被上传的网站：Digg、Slashdot 以及 Reddit。所以他们发挥了想象力，让视频内容迎合了这些科技资讯网站核心消费者的喜好。

结果，这段自制视频果然在潜在用户间流传开来。接着，Dropbox 立即制作了独立网页，这些特殊网页成功吸引来了成千上万的新访客，几乎一夜之间，排队等待邀请的用户数量从 0.5 万上升至 7.5 万。而整个过程都是可追踪、可见的，简直高效得让人瞠目结舌。

这种轰动效应正是 Dropbox 需要的。然而，将目标群体吸引到网站后，企业团队可没有转身说："嘿，我们今晚要怎样做，明天才能上头条呢？"他们根本不需要这些，因为很快，首批 7.5 万用户就扩充至 400 万，接着就有了如今超过 1 亿的用户群。

几年后，电子邮件网站 Mailbox 也用类似的方法发布了产品。不到 4 小时，一段令人印象深刻的视频就引来了 10 万访客。这段只有 1 分钟长的视频相当于一道亮丽的风景，被吸引过来的人会看见一个很炫的窗口，那是用来提示新访客，他们前面还有多少人在等待注册。毫无疑问，这个提示让等待的人更加急不可耐，于是很快吸引了相当数量的社交网站常客和博主的关注。不到 6 周，Mailbox 就拥有了 100 万正等着体验服务的注册用户。

这种方法放在另一家企业身上会管用吗？或许会，或许不会。**重要的是你得找到一些新玩意儿，诸如让人兴奋的事情或是渠道，这样才能让你的产品在市场上引起轰动。**

不是针对所有人，只针对“对的”人

老思路告诉我们，你要尽你所能地把所有人都拉进来，就像电影首映式一般，排场一定要大。这种压力源自我们的顾客。无数营销人员早已被这种自毁式的雄伟目标同化，他们想要大家都知道他们的产品，想要成为数百万镜头的焦点，想成为社交网站上的热门主题。我了解那种渴望，他们的初衷是想让自己的产品无人不知、无人不晓，可结果往往适得其反。

GROWTH HACKER MARKETING 专家点评

应当舍弃“试图让所有人都知道你的产品”这种想法。绝大多数时候，所有人都知道你的产品并不是什么好事——比如，被同行业内喜欢指点江山的产品经理、分析师、评论员肆意品头论足，或是被竞争对手及其投资人过早盯上。

到底是怎么回事？追根究底，这是因为，你不可能让多数人都成为你的消费者。

增长黑客成功抵挡了这种感情冲动，或者说是幻觉。他们谨慎地把目标定在种子用户身上，这些用户会自动发起或使用新一代技术服务，并希望尽量节省开支。事实上，本书提到的那些不安分的新兴企业、服务产品以及应用程序商店，它们之所以偶尔退出人们的视野，或是没有成为大众讨论的焦点，部分原因是他们的创始人紧盯企业的发展，把精力都放在了产品开发上。如今，即便他们已是拥有数十万用户的企业，可还是“沉默不语”，没有丝毫的骄傲。**他们和大众市场会有所接触，但会克制吸引所有人目光的冲动，至少在发展初期是这样。**

也就是说，在营销的初始阶段，我们那些面向公众的营销以及公关事务，只需要单刀直入地抓住目标用户的注意力即可。这些人对产品极为感兴趣，而且忠诚度很高。接着，我们便可以靠这些人实现企业的增长和发展。

如果目标群体走的是非主流路线，他们就会去科技博客 TechCrunch、新闻网站 Hacker News 或是 Reddit 这类网站，要不然就是参加几个特别的年度会议；如果他们是一群潮人，他们就会关注时尚潮网站 Lookbook 或是 Hypebeast 上的内容；如果他们像你一样，那他们每天所读、所想、所做的事就都和你一样。

抓住他们的眼球，然后把他们拉进来，就这么简单。

Uber 是由特拉维斯·卡兰尼克和加勒特·坎普创立的企业，业务是提供私家租赁服务。他们已经连续几年在奥斯汀音乐节举办期间，向大众提供免费服务。音乐节的前后一周内，几千名潜在用户都对这项服务蠢蠢欲动，这些人算得上是狂热的科技追随者，是一群拥有高收入却租不到车的年轻人。有一年，Uber 提供了免费乘车服务；又有一年，他们提供的是室外烧烤递送服务。他们没有把数百万美元花到广告或是筹集资源上，然后“曲线救国”吸引潜在消费者的注意，而是只在每年的那个星期，做好充分准备等待潜在消费者的到来，并借机做些与众不同的事。

这就是增长黑客的思考方式，这就是从目标群体那里得到最强烈反应的方法，这就是在正确的人群中达到宣传目的的方法。

提一个常识性问题：我要到哪里去找对的人呢？如果你一时还想不到答案，那说明你对自己的产品还不够了解，发布新产品的时机还不够成熟……好吧，就此打住，说多了伤感情。

你可以从多种渠道入手，以接触你的种子用户。比如：

- 如果你知道潜在消费者都在浏览哪些网站，你就可以到这些网站上给他们发封邮件说：“这就是我们的企业，这就是我们正在做的事，希望你在朋友间提一提我们。”
- 在各种新闻博客上发帖。刚开始你可以写一些关于流行话题的博客来获得点击量，然后循序渐进地为产品做宣传。
- 你可以先在 Kickstarter 这样的在线募资网站露个脸，

再用酷酷的奖品贿赂一下种子用户，同时引来一些网络常客。

- ◆ 你可以借助 Helpareporter 之类的网站服务，寻找一群正在研究你的产品、并正在寻找相关资料的记者。
- ◆ 你也可以一个个地寻找潜在消费者，然后邀请他们免费体验你的产品或服务，或是赠予对方一些别具诱惑的奖品。

找到一两个这样的宣传渠道就像给顾客寄快递一样简单。如果你的产品真的是专门为这些人设计的，那他们肯定会向自己的同类推荐。重要的是，你得不惜一切代价把那一小部分种子用户拉到你这里来。

有时候，使用一些小技巧也会有不错的效果，比如开发一个目前还没有被其他竞争对手充分认知的系统或平台。

“增长黑客”这一概念的提出者之一帕特里克·瓦兹克维兹（Patrick Vlaskovits）说得好：“产品越有新意，你就越可能找到与消费者接触的新渠道和新方式。”例如：

- ◆ 你可以通过企业渠道发邀请函，这种方式可以营造一种“唯我独有”的气势。
- ◆ 你可以制造几百份虚假的企业介绍，让你的服务比实际情况看起来更加流行、更加有吸引力。毕竟，口碑相传才是最棒的营销手段，Reddit 在发展之初就是这样做的。

◆ 你可以只瞄准一种服务或是平台，然后一心一意地满足用户的口味，这样便可以借用他们人气。甚至可以趁机“盗取”他人的营收增长额，就像 PayPal 借助 eBay 取得发展那样。

◆ 你可以手握重磅项目，等着运营系统将种子用户拉进来。就像在线社交网站 Myspace、点评网站 Yelp 以及在线教学平台 Udemy 做的那样。

◆ 你可以找几个颇有影响力的顾问或投资者。借助他们的名气和他们的粉丝。就像社交网站 About.me 和旅行网站 Trippy 做的那样。如今很多新兴企业都在争相使用这种方法。

◆ 你可以尝试用某位客户的名字命名一家计划生育机构，或是花钱雇那些名气甚微的边缘名人，抛出几条与你相关的、具有攻击性的言论，这样的宣传效果更好。

好吧，我承认这都是我用过的招数。

所有这些举动都源于一种特殊的思维方式，都是为了达到特殊的目的。我们不是在搞宣传，也没想在时代广场买广告位制造声势，幻想 6 个月内就有人在零售商店注意并选中我们的产品。实际上，此时此刻，我们只应该把精力集中在吸引种子用户身上。

GROWTH HACKER MARKETING 专家点评

许多人没有意识到，邀请业界具有影响力的专业人士成为初创公司的顾问，除了节省成本（特别是在对方十分认可你公司的情况下），在获取专业建议、提升后续融资估值上也大有裨益。

有多少人知道你，他们是如何知道你的，这些都不重要，重要的是有多少人成为你的注册用户。如果在大街上发传单能实现这个目标的话，那这就是增长黑客的营销方式。

如何吸引种子用户？

影视营销范例告诉我们，花大价钱办首映式，然后就可以坐收数亿票房。一位增长黑客这样评论了这一现象 ："现在已是 2013 年了，在吸引消费者方面，我们可以做得更专业些。"

对新兴企业来说，吸引种子用户的方法五花八门。企业必须想方设法做到这一点，而这种磨炼也十分必要。因为新兴企业会在想办法的同时，变得创造力十足。

让我们再来看看 Airbnb 的例子。传统营销团队想破脑袋也不可能想出 Airbnb 的营销策略和产品至上的信条。Airbnb 利用一系列网络工具，让每个会员都可以不留痕迹地互相在分类信息网站 Craigslist 上张贴他们的 Airbnb 表单。但严格来讲，Craigslist 网站是不允许用户这样做的，所以使用这种极为聪明的应急措施时，你必须十分小心。不管怎样，突然之间，Craigslist 这个世界最流行的网站，就成了 Airbnb 的免费营销渠道。

安德鲁·陈在研究一个使用此营销策略的案例时写道：

> 坦白讲，一个传统营销人员根本不会想到上面所说的一系列方法，因为这种方法需要高超的技术支撑。只有当技术专家身负"从 Craigslist 网站上吸引更多用户"的重任时，才能想出这个精妙法子来。

显然，这种营销方式和以往有所不同。如今，"塑造品牌"或"维持品牌声誉"已不再是我们的必要任务，培养一大批忠实而热情的用户会更有赚头。哪种方式更容易追踪、完善和发展？哪种更真实，更简单？等你弄清楚这些，品牌形象自然就树立起来了。

正如肖恩·埃利斯所说的那样："科学地讲，集中精力吸引消费者比树立品牌形象重要得多。知名度和品牌形象的树立并非不重要，可在企业发展的头一两年，这样做完全是浪费钱。"

传统营销模式最为蛊惑人心的地方就在于那些电影首映式般的

“气场神话”。而“把品牌塑造好，消费者自然会来”的错觉同样迷惑人心，它会让人不自觉地认为消费者会不请自来。这两种想法太简单，而且效果极差。

GROWTH HACKER MARKETING 专家点评

埃利斯的这一观点，要视具体经营情况而论，如果你的产品面向中高端消费者或企业级客户，那么，就有必要提早将品牌建设纳入考量。

回想一下亚伦·斯沃茨都领悟到了些什么：想把用户拉进门，光有好点子还不够。你必须主动出击，但切忌狂轰滥炸。你要在正确的人群中找到正确的营销点，然后再瞄准，猛攻！

你应该引领企业成为一个增长引擎，也许在企业发展之初，你还得加油启动这个引擎。好在我们只需要做一次就够了，因为下一步任务不是吸引更多注意力或关注度，我们不再需要恪守传统营销中那种永无止境的营销周期。一旦我们把第一批消费者引进门，下一步行动就是要将他们转变为我们的盈利武器。

场景，重构用户与商业的连接

我时常被朋友问起：在人口红利慢慢消失的情况下，早期种子用户数量重要还是质量重要？在我看来，这种非黑即白的问题，不管选择哪一方都是基于回答者的个人经验，不结合具体语境和场景很容易误人子弟。

什么时候用户数量会相对比较重要呢？一个典型的适用场景是：你的用户越多，越可能产生某种聚合起来的“网络效应”，即用户越多越有用。比如众筹，平台上用户量足够大、能产生足够多的筹款金额时，ARPU 值再低，来此入驻的项目都有可能达成筹款目标，吸引项目入驻，从而形成供需双方不断增长的正向循环。另外，对于需要教育市场、抢占先机的项目来说，肯定是圈到的用户越多，人气和价值越高，比如早期的淘宝。

什么时候用户质量相对重要呢？这取决于你的产

品定位和目标是什么，服务于怎样的人群，包括初步运营的策略。对于知乎这种高质量的问答社区来说，早期就得用邀请码来控制用户，并且力邀李开复这样的意见领袖到平台上回答问题。再比如夜店社交应用。对它们来说，女性用户的质量很重要，围绕这些种子用户的服务和保护措施也要相应做好，包括破冰机制、过滤机制、举报机制的设计。

综合而言，没有哪一项是放诸四海皆准的绝对重要或不重要，还是要看产品及其所处阶段。

至于如何定位自己的种子用户，我认为如果等到产品上线、需要营销推广了才开始发问，那就为时已晚。定位这件事在创业之初就应当想好，而不是随波逐流，看数据漂到哪里就找什么人当目标人群。

换个角度说，一旦你明确了定位，哪怕每天只有个位数的用户新增，但如果他们正是你要的土豪 / 美女 / 小清新 / 二次元 /GAY/ 北京朝阳区三里屯附近月收入低于 5 000 元用着 3G 安卓手机的男性，那你也不必焦虑。

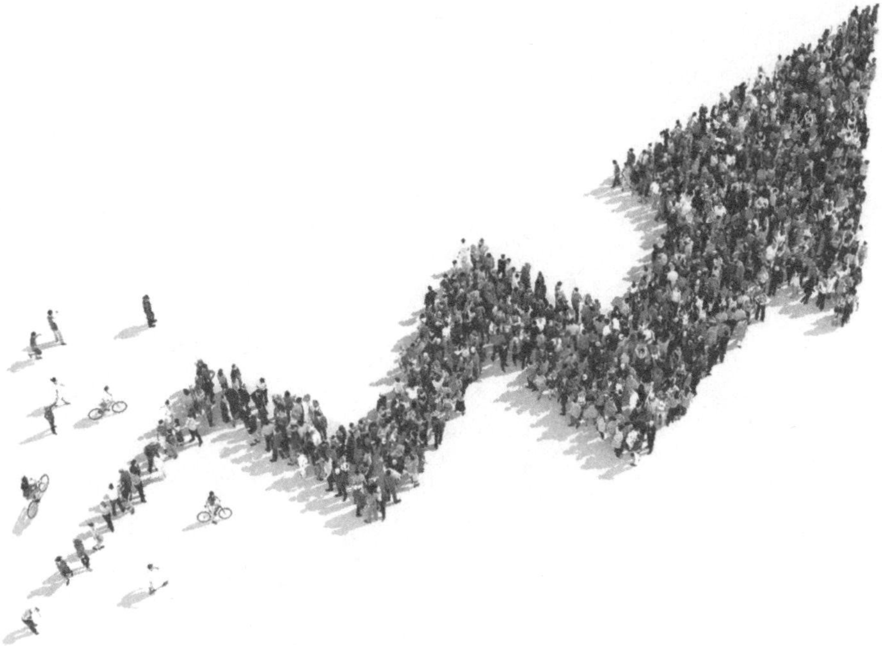

步骤 3

一传十，十传百：实现病毒式增长

GROWTH HACKER MARKETING

全球云存储先驱 Dropbox 的增长秘诀是，只要用户邀请到一位朋友来网站注册，那么他就可以免费得到 500M 的存储空间。这就像是把“免费获得存储空间”的按钮，摆在了用户手边。几乎一瞬间，网站注册量便猛增了 60%，且在一个月内超过了 280 万。

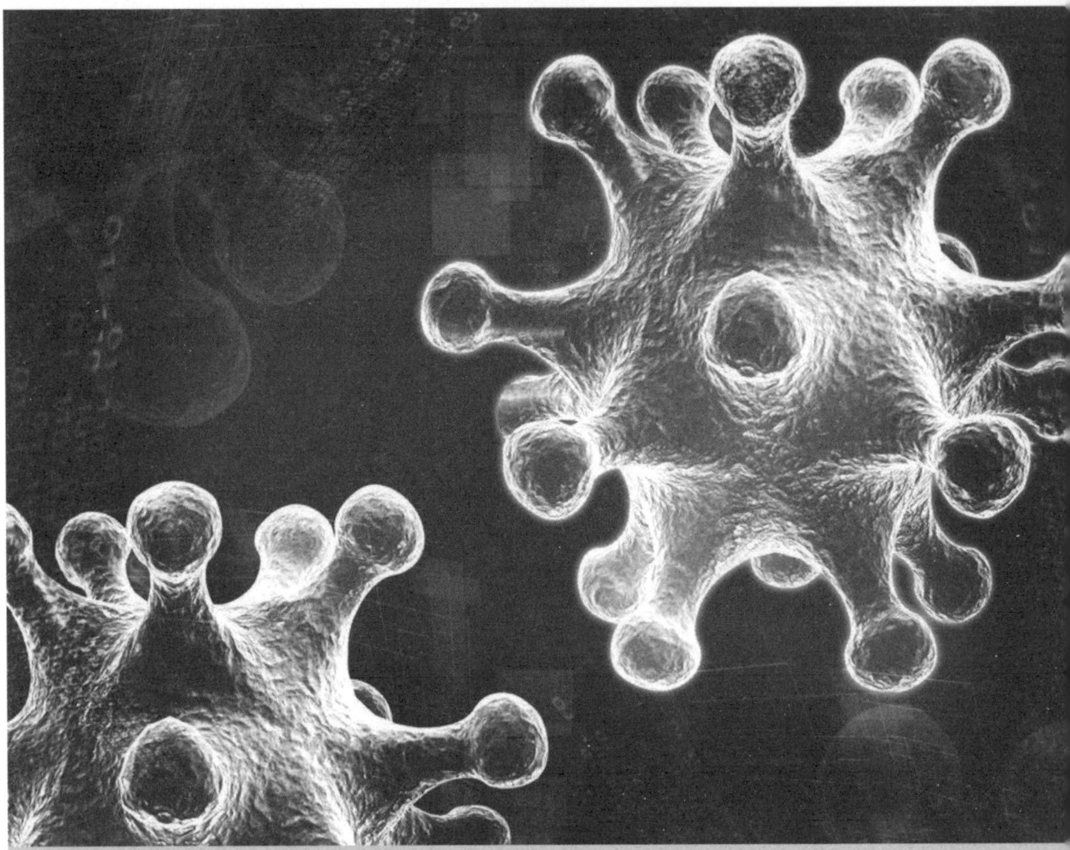

病毒式增长不是靠运气，也不是变魔术。人与人之间为何会谈话交流，其背后蕴含着科学道理，而且是有章可循的科学。

——畅销书《疯传》作者

乔纳·伯杰

步骤 3 ｜ 一传十，十传百：实现病毒式增长

“我们要实现病毒式增长，让人们通过网络来实现产品的共享。”这句话你可能早就在无数场合听说过，却并没有放在心上。人人都想实现病毒式增长，而且总觉得只要有了这种想法，一切就能实现。

而增长黑客的反应却是：“好吧，消费者为什么要那么做？他们为你的产品做宣传，你真的做好铺垫了吗？你的产品确实值得人们口耳相传吗？”可悲的是，很少有人会冒险回答这些问题。他们认为，任何产品都可以借大众的交流而奇迹般地实现病毒式增长。但相信我，增长绝非偶然。

即便看起来像是偶然现象，实际上也并非如此。就拿《这是你自己的人生》（*The Holstee Manifesto Lifecycle*）这部音乐短片来说吧，片名是一句鼓舞人心的口号，鼓励你追寻梦想，告诉你生活要有激情。其实，这正是布鲁克林一家小型服饰公司喊出的口号。看得出来，

这个口号远不只是为企业自身做宣传，因此，企业所有者制作的这段短视频被人点击了不下 6 000 万次，还被翻译成了十几种语言。

这家企业的创始人想过这样会实现病毒式增长，并在众多新顾客面前给自己的企业做宣传吗？答案是没有。不过这句口号能鼓舞人心，让人感动，同时还明确了目标群体，所以与其他企业每天高喊的那些繁杂、让人生厌、无意义的口号相比，这家服饰公司实现病毒式增长的概率就大多了。

只有一部分产品或服务能实现病毒式增长，而这些产品或服务必须是值得宣传的，要能激发人们为之做宣传的激情。简而言之，要么你的东西足够好，要么顾客的宣传相当给力，否则你就实现不了病毒式增长。

GROWTH HACKER MARKETING 专家点评

打开用户心智，让其主动为你传播的两根最常用的撬棒：一是给予好处（例如，转发送代金券、分享给朋友赢打车券），二是帮用户塑造更好的自己、说出自己平时不会主动说的话（例如，发布滤镜美颜照片、秀出阅读品位书单、分享听歌风格列表）。

你看，其实这种病毒式扩散的本质就是借助一些人的社交资源，把你的产品无偿介绍给其他人。谁都想在 Facebook 上发布一个关于自己产品的帖子，让他人看看自己的视频，让他们的贸易小伙伴们体验一下这种服务。但有什么妙招能让人心甘情愿地帮你呢？教你一手，秘诀就在于让他们不自觉地帮你做事，让他们觉得这事值得一做。当然了，这事做起来还得很轻松，最好不用费脑子。

病毒式扩散对增长黑客来说极为重要，一旦你下定决心以零成本向每一位潜在消费者进行产品宣传，那你就要做好准备，找到办法与他们接触。也就是说，这时你得靠用户本身来实现宣传目的。

增长黑客和传统型营销人员之间一个重要的不同点在于：增长黑客知道，这种事不能幻想天上掉馅饼。别指望会像《这是你自己的人生》那段短片一样，收到意外惊喜。病毒式增长可不是理所当然的，你的产品必须有价值。此外，你还必须借助额外的工具和活动来推动病毒式扩散的进行。

以团购网站 Groupon 和 LivingSocial 为例，它们是网络团购业务的先驱。消费者在网站上达成的每笔交易都会有一项附加服务，刚开始时客户买得不亦乐乎，如今倒是降温了不少。

先来看看 Groupon，它走的是“用户推荐”这一营销路线，只要你推荐朋友在 Groupon 完成首次购物，你就可以拿到 10 美元的奖励。再来看看 LivingSocial，它的营销方式是“争取免费交易”：如果你在网站上买了一件商品，并把它推荐给 3 个朋友，这 3 个朋友如果通过你发送的链接购买了此商品，那么，不管这件商品有多贵，你都可以免费享有。

有人曾在博客底端做过“Facebook 上的类似产品”“分享到

Twitter”一类的链接按钮，以实现宣传目的。实际上，这种做法与上面提到的方法完全不同。回头想想，Groupon 和 LivingSocial 为了广告宣传至少付出了代价，每件商品中都含有宣传成本，说白了，他们是花钱雇用户来为自己做宣传。

用户不够，甜头来诱

因研究病毒式增长而闻名的社会科学家乔纳·伯杰给出了这样的解释，公共性是实现宣传的重要因素之一。就像他在《疯传》（*Contagious*）一书中所写的那样 :“一件事物，把它做得越容易观察，它就越容易被仿制，也就越可能成为流行的东西。我们要对产品和宣传活动进行精心策划，以达到自动宣传的效果，并形成一种行为效应。顾客即便已经完成了购买行为，或是对产品所蕴含的创意不再感到新鲜，还是会维持购买行为。”

如今，许多新兴企业拥有了大批用户，它们认为取得这样丰硕成果，是因为巧妙地实现了“与大型网络平台融合”。

如果一位普通 Facebook 用户的好友数量超过 150 个，他们就可以利用 Facebook 在彼此的 Twitter 上发帖或处理对方 Instagram 上的照片，其宣传能力简直超乎想象。毫无疑问，Spotify 的大规模扩张很大程度上是因为融入了 Facebook 这个平台。大部分人都是因为先看到身边朋友在听什么歌，自己才会想试试。

如今，Spotify 手中已经有了秘密武器，Spotify 公司的董事西恩·帕克是 Facebook 的前总裁，他同时持有这两家公司的股份，所以 Spotify 得以借 Facebook 这只鸡生下金蛋。另一方面，这也说明了，只要你善用社交网络，就可以将自己的产品向更多人宣传，甚至还可以免费做广告。

GROWTH HACKER MARKETING 专家点评

西恩·帕克正是由于“脚踏两条船”才能让 Spotify 更好地与 Facebook 整合完成一系列营销推广，这本身不具有可复制性。但对读者的启示是，互联网创业不只是产品层面的较量，更是整合资源方面的比拼。每个人都一定有值得挖掘的资源，对其善加整合才能降低创业成本。

Dropbox 规定，只要消费者能将自己在 Dropbox 的账户和 Facebook 的账户关联起来，就能免费获得 150M 的存储空间。

再想想 Hotmail。据我们所知，它是最早一批启用增长黑客式营销的网站之一。它在用户所发的每封邮件下方都加上一段推销广告，发给潜在消费者。再想想苹果和黑莓，用户每发一条信息，对方就会看到“发自我的 iPhone”或“发自我的黑莓”这样的提示。这样，用户就成了一种宣传工具。

说点题外话，苹果公司最棒、最成功的公关举动，就是把耳机设计成白色而非黑色。如今，购买苹果产品的百万大众便成了无所不在的广告宣传者。

现今，新兴企业正按增长黑客的思维方式发展。电子邮件网站 Mailbox 会在用户所写的邮件结尾处添加一句“发自 Mailbox”。当我用 TurboTax 整理今年的税款时，TurboTax 上弹出一个对话框，问我是否愿意在 Twitter 上发布一条他们已经拟好的讯息，意思就是给他们的服务一条好评。这一切营销活动都是免费的，而且具有超强影响力。

增长黑客同样重视塑造品牌形象，只是他们认为像传统型营销人员那样为之付出巨大代价实在不值。增长黑客不会在国家电视台上发布植入式广告，也不会雇一些和产品毫不相关的名人做广告，他们更愿意从免费营销渠道获利。

自己携带“病毒”，或成为“病毒”本身

通过自制视频及社交媒体策略把种子用户拉进来之后，有两种选择摆在 Dropbox 面前。一来，他们可以继续采用同样的策略实现企业发展；再者，他们可以通过广告宣传自己的品牌，这是传统营销的必经之路。他们选择了后者，结果发现每拉来一名付费用户，就得付出 233 ~ 388 美元的广告成本。经过 14 个月的艰苦挣扎，Dropbox 终于找到了正确的增长引擎。

Dropbox 的增长秘诀是，只要注册用户邀请到一个朋友来网站注册，那么他就可以免费得到 500M 的存储空间。这就像把一个“免费获得存储空间”的按钮摆在了网站首页。几乎一瞬间，网站注册量便猛增了 60%，而且这股增势维持了数月。在这种机制下，网站的注册用户数量在一个月内超过了 280 万，其中缘由不言自明。

传统营销方式需要支付 400 美元 / 人的广告成本。虽然读书时你我可能都不是数学天才，但这几个数字并不复杂。“培养推荐人”对阵“付费广告”，这是一种 A/B 测试，至于结果，自然是“培养推荐人”获胜。如今，Dropbox 的消费者中有 35% 都是通过推荐人拉来的。

在和著名增长黑客肖恩·埃利斯交谈的过程中，我发现，崛起于新兴市场的企业中，Dropbox 建立了一个有效且最为接近病毒式增长方式的营销机制。

说了这么多，只为突出这样一个简单却经常被我们否认的事实：**如果你想实现病毒式增长，就必须扶植你的产品走上相应的增长轨道，消费者必须有为你推荐产品的理由和渠道。**

想做到这点并不容易。可如果你开窍了，懂得以这种方式看问题，你就可以开始着手寻找机会。不过，不要随便以某种题材制作一段视频上传到网络上，然后幻想会获得 1 000 万的点击率。要想吸引一个群体然后让他们为你宣传，就必须给他们一个无法抗拒的理由。你不能指望用户平白无故地成为你的宣传者，你要给他们一个动机，并为他们提供宣传平台。

GROWTH HACKER MARKETING 专家点评

“想增加页面被分享的次数，就要在页面底部增加一排引导分享的按钮”，放弃这种无谓的尝试吧。如果你不给用户设置一个合理的、显性的分享动机，他们根本不会点击。

病毒式增长不是偶然，而是一个精心设计的过程。我们也不能指望轻而易举地建立起病毒式增长机制，并祈祷它马上奏效。保持增长引擎的顺畅运行是实现这种机制的一个步骤。我们还必须针对可用资源进行深入分析，并不断改进改进再改进，直到得出最好的结果。

如何让你的产品像病毒一样疯传？

病毒传播的表现形式层出不穷，深入内核探究后，我梳理总结出了最具代表性的五种。

1. 产品天生具备传播因子

这是最原始的一种病毒传播，或者叫口碑效应。简单说就是如果你的产品足够好，自然会将你的用户转变为“传播者”。虽然刚开始，这种传播效果并不明显，但经过一段时间后，就会出现爆炸性的增长，Skype就是最典型的例子。这种类型的病毒传播效果最好，但也最难实现。你甚至需要专门去开发一些可被量化的卖点和亮点，以利于用户传播。

GROWTH HACKER MARKETING
专家解读

2. 基于网络效应的传播

这种病毒传播是指，虽然用户本身可以独自使用产品，但如果他推荐使用该产品的用户越多，这个产品对他来说产生的价值就越大。比如 Dropbox，你虽然可以用 Dropbox 存储文件，但如果也用它和其他人共享文件，Dropbox 就会给你带来更高的价值。

3. 沟通效应传播

这是即时通讯和社交类产品中最常采用的传播方式。在某种交流工具（比如邮件）中，如果某个品牌经常出现，久而久之，人们就会记住这个品牌。使用照片滤镜工具处理后发朋友圈时，照片右下角的水印就是最好的广告宣传。

4. 激励效应传播

这种传播方式很简单。比如，你在某网站邀请了其他人加入后，系统会给你相应的奖励，就像 Dropbox 会给你增加存储空间、某些游戏会给你发放金币一样。这种策略虽然简单，但屡试不爽，只要别太“流氓”或太招人厌就行。

5. 内容营销

这种传播方式非常适合内容性的主体，比如，以文章、视频、资料等为主要内容的网站和应用。在内容载体中，原创者会植入品牌信息，并通过传播让曝光量节节攀升。优秀的植入并不一定遭人反感，甚至能让人会心一笑，即便识别出广告也仍愿意转发。

用上述五种框架分析解读时下流行的传播策略，是不是发现原来万变不离其宗呢？

步骤 4

跟进收尾：把过客变成顾客

GROWTH HACKER MARKETING

Twitter 刚上线时，新用户蜂拥而入，但是大多数人在注册之后就再没动静。而一位增长黑客注意到，如果用户在注册时主动挑选 5 ~ 10 个希望关注的人，那他就极有可能常回来看看。

于是，Twitter 在用户注册之后，会根据他的口味推荐一份关注名单。这样一来，活跃用户的数量就大大提升了。

你要有客观意识，把自己听到的东西忘掉，把头脑清空，像一位科学家那样做一次实实在在的研究。

——苹果公司创始人之一

史蒂夫·沃兹尼亚克

步骤 4 ｜ 跟进收尾：把过客变成顾客

如果说增长黑客的工作内容在项目最初阶段并不是营销，而是产品开发，那么我要说的是，他们在项目收尾阶段的工作也和营销扯不上一点关系。

以我对时尚界与出版界的了解，传统营销人员的工作就是想方设法把潜在消费者拉进来。至于拉进来之后要做什么，那就是别人的事了。

可如今这种想法依然正确吗？

不说别的，一家小企业刚建立时，根本没有太多人手。你不仅要把潜在消费者吸引进来，还要想办法培养一批拥趸。再者，性格开朗且有奉献精神的用户本身就是一种营销工具。

好不容易通过营销渠道把一批新顾客吸引来，却又瞬间流失，你之前的工作就失去了意义。好不容易通过媒体和营销活动塑造出了独一无二的品牌产品，可如果人们拿回去一看，发现你挂羊头卖狗肉，这样的宣传岂不白费力气？

营销本不该是一件事倍功半的工作。把顾客强拉进来或是强迫顾客关注某个网站，这些新用户会忠诚于你的产品吗？经过分析，我们得到了名为“转化率”的答案。了解它、实践它将是你的必要工作。

早些时候，Twitter 正好有过这样的经历。它的营销团队很明智，早就意识到公司的营销策略不应该是把注意力放在吸引所有消费者上。虽然他们早就有能力做广告、发布广告邮件、做公关，可这并不是他们想要的。他们需要提高现有用户的忠诚度。

由于 Twitter 提供的服务中很多与传媒相关，很快，新用户蜂拥而至。然而这些新用户中的大多数人都只注册了账户，之后就再没动静。

这时，一个名为乔什·艾尔曼的增长黑客仔细审视了形势，他与自己的团队发现，如果用户能在第一天自主挑选 5 ~ 10 个希望关注的人的话，那他就极有可能常回来看看。

艾尔曼曾向我解释过这件事：

> 我刚加入这家公司时，网站制作的推荐关注名单上只有随机的 20 个人，他们是由系统挑选的。看到这些，我们进行了处理调整，鼓励新用户选出 10 名最希望关注的

人，然后给他们推荐关注名单，这张名单上的人物众多，用户只需要选择就可以了。当然，这张名单并不是系统随机选择的。

接着，我们在页面上创建了提示窗口，可以持续地给新用户提建议，让他们关注网页上的提示栏。这两种做法帮助人们关注其他人，也让人们知道，要想从 Twitter 获得最多信息，必须得关注其他人。越来越多的人懂得了“关注”的益处，这样一来，网站留住用户的几率就大大提升了。

GROWTH HACKER MARKETING 专家点评

找到启动增长引擎的“魔法数字”（例如，Twitter 上活跃用户关注的人数超过 10 人），然后运用产品策略将其推广给更多用户，引导他们也完成一套“标准动作”，达到这一“魔法数字”从而最终沉淀下来，是增长黑客常用的方法之一，即“由数据反推产品”。

这看起来根本就不是做销售。服务产品中的一个结构细节，比如上面谈到的推荐关注名单，怎么可能算营销呢？可是，只要能切实留住消费者，那它就是一种营销。如果你想建立病毒式营销机制，那么用户的忠诚度越高，机制就会运行得越好。

“根本停不下来”的产品，需要不断地调整

每个人都希望自己的努力能让企业有所发展。如果企业的增长动力源自内部优化机制而非外在牵引力，那会是何种光景呢？增长黑客早就认识到了这一点。

亚伦·吉恩曾说，即便是最出色的增长黑客也扶不起一件“阿斗式”产品。即便实现了 PMF 模式，也不意味着你的创意就是完美无缺的，更不能说明你的产品就没有改进完善的空间。

GROWTH HACKER MARKETING 专家点评

“黑客式增长”不是解决一切产品增长问题的银弹，一切增长都建立在产品本身的基础之上。如果产品不靠谱，再厉害的增长黑客也回天乏术。

ReadWrite 是一个科技类新闻网站，我对其工程主管西恩·比索雷尔进行了一次采访，西恩简洁明了地说道：“不管你现在经营状况如何，它总有更进一步的空间。”增长黑客深知这一点，所以他们总在不断尝试新的发挥影响力的方式。

或许你的网页没有如愿把普通用户转化成忠实粉丝；或许你没有足够多的电子邮箱地址；或许绝大多数用户刚开始只是顺便来这里逛逛，后来多数都退出了。没关系，万事皆可改变。实际上，改进产品的方式又何止一种？我们必须学会利用数据，接受其他

信息，这样才能找出问题的症结。

增长黑客会为了实现流量最大化而不择手段。在《精益创业》中，埃里克·莱斯解释说，商家要做的就是“集中精力留住消费者”。传统思想认为，如果一家企业缺乏增长力，那它就应该在营销上投入更大的精力，但这在今天已经不再适用。

取而代之的是，企业应该花大力气对服务产品进行改进、完善，直到用户满意得不能再满意，他才会一直钟情于你的服务产品，才会邀请朋友来购买。

听到这里，是不是觉得轻松了许多，我就是这么想的，因为营销人员未来不用做太繁重的工作。我们可以顺势而行，从企业其他方面入手，以确保营销拓展工作真的能带来销量。

想做到这点其实并不难，因为我在宠物寄养平台 DogVacay 上有过亲身经历。这是一家为宠物寻找临时住所的网站，就像 Airbnb 为人寻找临时住所那样。它能为宠物找到愿意照顾它的邻居或附近的宠物爱好者，这样一来，宠物的主人在出行时就不用把宠物送到寄养屋了。

我和女友从一篇博客上看到了关于 DogVacay 的信息，然后我俩兴高采烈地到网站上注册了账号，但很快就将这件事抛诸脑后。大约 3 天后，我们接到了一个电话，是 DogVacay 团队中的一名工作人员打来的。这名工作人员询问了我们的近况，以及我们是否需要他们的帮助。这个电话让我们体验了一次服务，还帮助我们完善了注册信息，最后成功地为我们的宠物找到了借宿处。

其实，我不太愿意评价这种策略。比方说，如果一家网站有100万用户，网站的工作人员是不可能打电话给每个人的；但如果他们正好打给了一个像我这样的新用户，那这种做法就能将一个过客变成一个真正的顾客。换句话说，对于一个介于新老用户之间的消费者，你需要想些其他办法俘获他们的心。当然了，我还是会把这次接受服务的经历讲给每个人听。

出于同样的原因，我也喜欢Dropbox的想法：如果用户使用一次Dropbox的基础服务，就可以得到免费的250M存储空间。这样既可以让用户了解产品的使用方法，还可以激发用户的使用动机，以此渡过潜在危机。这也就有了接下来的做法，只要用户给Dropbox发一条反馈，说说关于Dropbox产品的种种特点，他就可以再次免费获得125M存储空间。

GROWTH HACKER MARKETING 专家点评

我曾经写博客推荐Dropbox，很快就获赠了25GB的存储空间。我还认识一位朋友，通过做SEO推广Uber的服务，最终账户上累积了价值几百万元的打车代金券（当然，对支付这一推广费用的Uber而言，他带来的贡献更大）。

现在回头想想，身为用户的你已经不知不觉加入了Dropbox的营销计划，比如我自己就赚到了625M的免费存储空间，这让我这个活跃用户变得更加活跃。正因如此，我也更有可能把它介绍给我的朋友。但 1 年前我还从未想到过这种营销方式。

作为一名传统营销人员，在我的职业生涯中，无论如何我也想不起来有这样一个能把普通消费者转化成忠实消费者的人，而不带脑袋就来做营销的人的数量倒是不计其数。

我和我的同行们总是在追求更多的消费者，而不是深掘我们已找到的销路。回想先前因循守旧而白白付出了无数努力，实在是可惜！

像 Uber 学习，提升用户黏性

当然了，要留住消费者、完善客户服务，并不一定要把电话打到每位潜在消费者那里。

再举个例子。大概在 2011 年或 2012 年的时候，我应邀成为洛杉矶 Uber 租车的元老级用户。我确实在那儿报过名，但出于某种原因，并没有真正用过他们公司的车。说得专业一点儿就是，我从那里“跳槽”了。因此，只能说我知道他公司的服务，但算不上他们的用户。

一年后，我出国参加一次会议，会议承办方送给所有发言人一张价值 50 美元的 Uber 礼品卡（这就是一种名副其实的病毒式营销机制）。因为当时打不到出租车，所以，继数月前第一次登录之后，那天我再次光顾了 Uber 的网站。没过多久，一辆黑色汽车就飞奔而来。跟我预想的一样，他们对服务产品进行了大幅度改善。这种改变让人感觉很惬意和自然，丝毫没有突兀的感觉。在服务完成后，Uber 留住了我，让我对司机做个评价，后来又用电子邮件给我发了一张优惠券。

几天后，我回到美国，意外地在布鲁克林耽搁下来，当时我脑中产生的第一个想法就是 ："快让 Uber 过来吧。" 我已经从一个非核心消费者彻底被转变成了一个忠实用户。

Uber 通过优化产品来留住了消费者，他们针对最有可能被转化的人进行营销，放弃了那些只是匆忙看一眼网络广告的人。

GROWTH HACKER MARKETING 专家点评

Facebook 负责用户增长和业务推广的副总裁亚历克斯·舒尔茨（Alex Schultz），曾在斯坦福大学的某次分享讲座上着重强调"留存率"的重要性，甚至认为这是产品早期最重要的指标。对此，我深以为然。

消费者的心理不受你控制，可如今，这却成为了你工作的一部分。我们都有邮件列表，也都有消费者数据库。多少年来，我们针对那么多的消费者做营销，却没有把他们转化成忠实用户，换句话说，我们没有充分利用这些资源。其实问题都出在我们身上，不能怪消费者。追求新的营销目标确实更为诱人，同时，压力越大，我们的乐趣也就越多。可对于企业来讲，留住顾客并使产品最优化才是营销人员最重要的事。

根据战略咨询公司 Bain & Company 的一项调查发现，一家公司如果能留住 5% 的老顾客，就相当于提升了 30% 的利润额。据 Market Metrics 的研究发现，把产品成功卖给老顾客的几率高达 60% ～ 70%，但成功卖给新顾客的几率只有 5% ～ 20%。Growth Hacker TV 的主持人布朗森·泰勒总结道："忠诚度胜过数量。"

增长黑客就是要把投资回报率最大化，就是要把我们的精力和所做的努力放在最有价值的地方。运用新机制，最大限度地利用消费者数据库，把潜在消费者变成忠实用户，把工作中心从对外宣传上移开，更不必费尽心思吸引潜在消费者，这样做，你必然会得到更好的效果。多花点时间教消费者如何使用你的产品，像 Facebook 和亚马逊网站那样，试着从用户那里得到更多的个人信息，让消费者参与进来，而不是一味地追求那些根本不把你的产品放在心上的群体，这样做，你一定会得到更好的效果。

当然了，这些逻辑道理听起来确实很耳熟，但是实践起来却很容易又回到了传统的营销状态。关于经历和体验，有这样一个永恒的真理，那就是：一鸟在手胜于百鸟在林。

如何进行渠道效果测量?

假设你刚花费一个月开发出一款移动应用——还只是功能尚且跑通的粗陋毛坯，所有测试均来自团队内部成员的随意点戳，下一步应当做什么？大肆狠砸广告，昭告天下这款产品的横空出世？恨不能弄得满城风雨，搅动得整个互联网无人不晓？愿景很美好，但正确的策略是先进行渠道效果衡量。这也是作者在本章强调的投资回报率最大化的必由之路。

所谓渠道效果衡量，就是将产品后续可能使用的推广策略先行验证一遍，在数据指导下衡量投入产出比，从而为大规模的投放提供参考依据。渠道效果衡量工作尤其适合在产品刚破壳而出阶段进行，原因有 4 点。

第一，产品早期可能存在许多策划上的陷阱和开发上的缺陷，过早地大面积曝光和推广，可能造成高流失率并损伤初期的口碑。小范围进行渠道推广，放有限的用户进来，既能防止带宽流量损耗过快导致的承载不暇，也能限制意见反馈的数量，以便第一时间回复解决，将问题的负面影响控制在最小范围之内。

第二，在缺乏对渠道效果的把控之前，凭借过往经验或他人介绍而一味地将有限的推广资源和预算倾注到某一渠道上，可能与性价比更高的推广机会失之交臂，造成浪费或错失流量红利。

第三，某些渠道对于被推广的产品有特殊的限制或要求，如植入SDK、启动画面的显示标识、官网友情链接等。及早接触，将渠道关系理顺、抹平，在产品研发阶段就将渠道需求纳入考虑范围，可防止后续具体铺开时手忙脚乱。

第四，有时候你并不希望过早地曝光产品，但又想调研分析用户行为（不是简单的调查问卷或者询问周围人），可以尝试在渠道测试中“顾左右而言他”，甚至让竞品来为你做分析。例如，在百度小范围地投放广告，设置不同的关键词和文案，链接到别家某款功能近似的现有产品页面，通过后台报告，巧借别人的产品为自己积累数据和素材。

2010 ~ 2011 年上半年，“百团大战”在全国范围内激烈打响，疯狂的广告竞赛、动辄百万起的月度营销预算，让当时唯一没有参与广告大战的美团网压力空前。美团网创始人兼 CEO 王兴深知,在互联网行业，一旦落后再想赶超是很难的。但对于是否有必要投放线下广告、展开地毯式地轰炸，美团网内部争议激烈。

最终，美团网选择将广告渠道划分为线上渠道和线下渠道，又将线下渠道分为面向商家和面向消费者两部分。通过一段时间的测试，他们发现，在线下，面向商家的品牌广告是无效的，在商家端再多的投放都不如有执行力的线下扫街队伍。另外，线上广告投放的性价比远远高于线下。于是，他们释然了，决定坚定地不打线下广告，而是谨慎地评估各线上广告的性价比，包括每个用户来自哪个渠道、一次消费情况、二次消费情况，及时削减甚至砍掉无效渠道。

在资本寒冬到来之际，美团网在竞争对手融不到资、资金链断裂的情况下，发起冬季攻势，翻身坐上了团购的第一把交椅。在这场烧钱的马拉松游戏中，美团网成为笑到最后的赢家。而不幸成为先驱的对手们，则用白花花的银子向市场普及了团购的概念，并最终成就了美团网。

实 战

如何让被退稿 25 次的书，卖出 25 万册

GROWTH HACKER MARKETING

费里斯的新书被各大小书店封杀，甚至他之前的著作也被亚马逊网站强制下架。重重险阻面前，瑞安选择剑走偏锋：与 BT 下载网站合作，白白送书！结果，几乎一夜之间，这本书就被下载了 200 万次，并最终取得 25 万册的总销量！

或许我们没有营销经费，没有关注度，但我们可以通过著书来与大家分享，我们可以列举研究案例，可以在营销方面给读者建议。我们可以撇开营销主题，在艺术家与粉丝之间建立起沟通的桥梁，我们可以找到实现创业目标的途径。

——BT 下载网站营销副总裁

马特·迈森

我对增长黑客的痴狂源自安德鲁·陈的文章，它让我从虚幻的处境中清醒过来。我在营销界的地位，甚至是所有营销总监的地位都岌岌可危！那篇文章让我看清楚了，我们的行业正在发生变化，一群思想者和企业家正在蚕食我们的领地，我应该密切关注事态的发展。

2012 年末，现实对我敲响了警钟。我发现自己的处境其实和那些新兴企业没什么区别。曾与我合作的畅销书作家蒂莫西·费里斯，突然间失去了很多最有影响力的图书营销渠道。令我们（包括他的出版商）震惊的是，几乎所有零售门路都被堵死了，从 Barnes&Noble 那样的大型书店到小型的街头书店，它们居然异口同声地拒绝让他的第三本书《每周做饭四小时》（*The 4-Hour Chef*）上架，连其他几本由亚马逊负责出版的书也不可以。当时，我们所面临的几乎就是绝境，当所有传统路径都走不通的时候，我们得想些新办法把书卖出去。

我的任务就是要让图书畅销。从某种程度上讲，这对我来说是个绝好的机会，可以让我尝试执行一些之前只是写在书上的理论知识。我们需要创造力，需要准确分析形势，需要打破常规的思维方式，还要极为小心地使用相对有限的资源。当时，我们把费里斯的那本书当成一家新兴的企业，然后根据增长黑客式的思维思考问题。

这与传统的营销方式有极大的差别，传统的营销方式包括：登《纽约时报》，付给 Barnes&Noble 或者 Books-A-Million 连锁书店上架费，然后坐等成功的到来，不过成功很可能永远也不会来。

多亏有了新的营销思路，让我在那种时刻还能保持冷静。从整体情况来看，事态发展并不乐观，但我却经历了一次从未有过的成功的营销过程。

虽然从《纽约时报》《今日美国》《华尔街日报》等知名媒体的畅销书榜单上销声匿迹，即便是没有了零售渠道，那本《每周做饭四小时》仍旧在上市的第一周完成了 60 000 余册的销售量，这是一个让人震惊的成绩。

我从书中（或者刊物）以及采访中发现，增长黑客的营销方式具有强大的效用，可实际运用起来完全是另外一回事。下面列举了一些我们的经历。

直接问读者想读什么

与其弄一本过于大众化、没有人感兴趣的图书，费里斯决定还是直接进入 PMF 模式的后一个阶段，把书中的每个章节针对特定的读者群体，单独设计成具有自身特色的部分。至于具体章节里的内容，他希望以通俗易懂的形式呈现，以便读者一下子就领会其要义。费里斯的目标是：读者拿起书，随便翻到一页，就能从中学到东西。

其实，费里斯的编辑设想背后都有数据支撑。虽然书的成稿大概有 600 页，但早期的草稿篇幅却接近 800 页。这样大幅度的删减凭借的不是直觉。费里斯通过 SurveyMonkey 和 Wufoo 等类似的网络调查工具询问了好友和同事，问他们对哪部分内容最感兴趣。除此之外，我们对图书的封底和小标题都做了类似的重复测试。每删掉或增加一部分内容，都得征求很多原始稿读者的同意。

GROWTH HACKER MARKETING 专家点评

相比先做出产品再考虑怎么营销，先形成具备营销潜力的产品设想再围绕设想开发产品，往往更容易成功。

如果一本图书在起草阶段就完全为未来的读者量身定做，那么这本图书一定会引起强烈反应，因为图书在编写的时候就融入了读者对成书的需求。费里斯保持了产品和市场的运行节奏完全同步。

把书铺到读者眼皮底下

我们没有把产品搬上电视或是广播，而是选择和博主联手，因为博客这个渠道既是可追踪的，也是效率最高的。明确了目标之后，我们所要完成的任务就是：必须通过博客在一个月内吸引来 10 万以上的固定访客。

有了诸如调查公司 Compete、媒体中介 Quantcast 以及 Alexa 之类工具的帮助，我们可以做到出现在任何有潜在价值的网站上，查看网站的流量，然后采取行动。就像我之前解释过的，如果你的产品着实有影响力，并针对了具体的消费群体，那么博主也很愿意在博客里介绍它。

结果就是，我们刻意安排的网络媒体——Lifehacker、The Art of Manliness、AskMen、Epic Meal Time——关注正好能和产品的实时发布相得益彰。通过相关链接追踪到的销售情况显示，网络点击量对图书的畅销起着强大的助推作用。

利用博客只是整个营销过程中的一部分。我们还和一些新兴企业、应用程序商店以及有较高关注度的宣传媒介建立了合作关系。

当然，在给这本图书做宣传的时候，我们还有一个最有利的条件，那就是，费里斯早就搭建好了一个平台。不管对谁来讲，如果一个产品在发布之前，事先已经发展并培养了一批观众，那么这将让整个营销过程变得相当容易。对费里斯来讲，他连续 5 年坚持每周发博客，这就意味着他手中已经拥有了一批关注新书发布的读者。也许你会觉得这不公平，不过在这之前，你可以自问一下，是什么让你自己停滞不前呢？

GROWTH HACKER MARKETING 专家点评

必须强调积累的价值。在写《增长黑客》之前，我曾经写了 5 年的科技博客，因此，深谙读者的口味和写作套路，最终第一次动笔写书就成为畅销书。

网上许多分享成功之道的文章也不可尽信，因为他们除了告诉你要努力尝试之外，绝不会提起自己找到了有钱有资源的“干爹”，或是自己曾经耗费数年打造出一款叫好不叫座的产品，并最终通过那款产品导量得以引爆新产品。

病毒式传播

费里斯的新书发布实现了病毒式增长，这是让我们最为骄傲的地方。迫于创新营销的需要，我们找到了 BT 下载网站，我的一个名叫马特·迈森的朋友最近在那里谋得一个新职位。后来 BT 团队给我们的建议很大胆，那就是：特别针对 BT 的 1.7 亿会员，将书中的部分内容免费赠送给他们。

按照BT的建议，我们做了一个700MB的文件包，里面包括相关材料、采访视频以及一些附加文件，长达250多页，这个文件完全免费，所有会员都可以下载。

这就是“先试后买”营销机制的完美演绎，它本质上就是一种促销。在亚马逊上，40%点开这本书购买网页的人，选择为它付款。与BT的合作结果让我们大吃一惊：

- BT上的下载次数为200万；
- 网页点击次数为126.115 2万；
- 亚马逊购买页面的浏览次数为88.000 9万；
- 蒂莫西·费里斯个人网站上的浏览次数为32.755 5万；
- 图书零售网站上的浏览次数为29.393 6万。

很多图书的销量一开始都很好，但慢慢会跌破20美元的价格点。对图书来讲，实现病毒式增长很难，然而这种多方合作的做法让情形发生了改变。作者们终于可以凭书一搏了，因为读者会把链接分享给朋友们，然后从网上免费下载文件包。

毫无疑问，BT的促销方式是整个图书发布过程中效率最高的，据预测，我们可以实现接近25万册的销量。不管你是卖书还是招揽客户，任何可以吸引新群体注意力的资源都极有价值。

产品最优化，用户才忠诚

想让图书销量在各种限制条件下实现最大化绝非易事。一旦图书被印刷出来，你就不能再做任何改动，至少在目前是这样。做应用程序商店和做图书不同。可即便如此，在实现图书产品最优化和提高读者忠诚度方面，增长黑客的做法同样有效。

我之前参与的图书发布过程，遵循的思维方式很简单：尽你所能吸引更多读者，然后抱着成功的希望干等着。终于，费里斯那些以数据信息为支撑的法子，真真切切地让我们看清了什么管用，什么没用。过去的我们，只不过是在追寻空想的业绩。如果 BT 的促销方式没有让图书大卖，那我也不会在这儿告诉你这些。

事实上，有了那次成功的合作，我又和 BT 联手接了一个客户，就是英国音乐潮人亚历克斯·戴。他的成绩同样让人感到震惊：276.502 3 万次的下载量，27.640 9 万次的网页点击量，iTunes 上 16.663 8 万次的点击量，亚历克斯·迪个人网站访问量也达到 5.215 1 万次。除此之外，亚历克斯的网站上又多了 5 000 个邮箱注册用户。

经过仔细研究，我们弄清楚了什么样的博客能提升网页流量，能排在亚马逊网站点击量前列。在接下来的发布过程中，这些信息都起着决定性作用，当然了，我还有用户的见证。

如何用黑客式增长思维写一本畅销书？

黑客式增长不只对互联网产品的营销推广有效，许多其他领域也可借鉴其思维方式，构筑起良好的产品宣传效果。本章，作者拿来做电子书的推广并带动实体书销量就是一例。在此，请允许我讲讲我是如何利用这种方式为我的《增长黑客》做推广的。

《增长黑客》是我的第一本书，被我视作一种宝贵的人生体验、一件可由自己完全掌控的试验性产品以及自身创业经验的副产品。在此之前，我没有任何出版经验，但一些恰到好处的推广方式，助力了这本书的销量增长。

首先，这本书的定位和主题决定了它拥有广泛的读者群。在创业创新的大潮下，愈来愈多的市场主体正在寻求让自己的初创企业获得增长的助推器。在有限的成本预算下，由增长黑客主导的黑客式增长自然是一大良方，一经提出就获得了许多人的认可。这是受众的“广”与需求的“刚”。

其次，在写作阶段，我利用公众号和专栏陆续发布了一些试读样章，获得了潜在读者的早期反馈。根据评论回复中的意见，我不断修正写作笔法，逐渐掌握了读者的口味，知道大家对实操干货案例的偏好，因此，尽可能减少了深奥无用的理论阐述。在后续的口口相传中，这最终成为《增长黑客》的一大特色。

再次，我邀请了业界的许多行家大咖撰写推荐语，包括风险投资家、互联网巨头公司高管、知名创业家、媒体记者等，他们的力捧既是本书的品质保证，也是早期读者的来源——只要他们每人发一条朋友圈，基本上整个行业的半壁江山都被刷屏了。

另外，在电子版问世之前，我提早预料到盗版的可能性，于是做了下面这件事：在电子版问世之前一个月，自行制作了一本 PDF 格式的“伪盗版”电子书。这本伪盗版电子书并非全本，而是由原书的 30 页内容拼接而成。之后我将它散播在网上，以免费试读的名义允许读者自行传播。

同时，我还主动进行了许多 SEO 工作，包括自问自答“哪里有《增长黑客》的 PDF 下载？”。这样，在真正的盗版出现后，读者即使搜索，也会迷失在我提前布置好的伪盗版烟幕弹中，但因为下载到的内容往往不全，最终仍有可能购买正版图书。这些策略，成功延长了《增长黑客》实体书的销售生命周期，同时，因为提供试读版而意外收获了更多的豆瓣好评与潜在读者。

展　望

增长黑客将成为企业发展的最强动力

GROWTH HACKER MARKETING

费里斯的新书被各大小书店封杀，甚至他之前的著作也被亚马逊网站强制下架。重重险阻面前，瑞安选择剑走偏锋：与 BT 下载网站合作，白白送书！结果，几乎一夜之间，这本书就被下载了 200 万次，并最终取得 25 万册的总销量！

如果你能做到融会贯通，那么一切尽在掌握之中。

——日本剑术家、兵法家

宫本武藏

如果增长黑客连出版图书那样的古老行业都能搞定，那么其他行业呢？假如你认为图书和新兴产业一样，那这一切就是一场玩笑。

我们剩下这群人都有把理论应用于实践的能力，那么不管我们是营销汽车还是电影，抑或是小型餐馆，都不再依靠那些猜谜式的游戏了。我们不用再雇门外汉给产品做宣传，也不用再因为他们和媒体关系匪浅就往他们身上砸钱。

我们可以自己摸着石头过河，可以效仿其他人的成功经验，可以竭尽所能地把消费者拉到我们这边来。要知道，这之后，我们就得围绕消费者，根据他们的需求对产品进行最优化处理。我们可以迅速做出改变，并把预算花在产品改进上，而不是没有用的广告上。

营销的定义亟须扩充完善

你会发现，营销的定义亟须扩充完善。实际上，任何可以实现企业增长的行为都可以叫做营销。

在大卫·奥格威成为广告界最为出色的精英之前，他曾经拎着烤箱挨家挨户推销。因此，他永远都不会忘掉这一点：广告和直销相比，只是一种稍微可量化的创造需求的方式而已。

推销员上门推销以及邮寄商品广告目录，这些都是几十年前的事情，可大多数人都还没有看清这一基本的现实。我们忘掉了那种方式背后的意图，所以当新机会来临时，会因为不清楚自己的处境而像个无头苍蝇到处乱撞。实际上，营销绝对是决定产品销量的重中之重。

- 广告就是广而告之，最终目的是带动销售；
- 公关和宣传是用来吸引人注意的，最终目的是带动销售；
- 社会媒体是促进交流的手段，最终目的是带动销售。

很多人都忘了，**营销并不是结束，而是拉动消费的开始。鉴于这一特殊属性，所有能够拉动消费的行为都应该被叫做营销**。这就是我们从增长黑客身上所学到的东西。

细数本书涉及的新兴企业，从 Hotmail、Airbnb、Groupon 到 Spotify，都显示了这样一个惊人的事实：之前人们从未将之看成“营销”的战略方法，如今却成为企业增长背后的最强动力。

拿 Hotmail 来讲，它在浏览器下方插入了一条邮箱标语，这样一来，它的任何一位用户发送的任何一封邮件，对新用户来讲，都是一张广告牌。再拿 Airbnb 来讲，它使用的是一种克雷格名单式渗透，Airbnb 网站上的用户可以把它当作交易的平台。再来看 Groupon 和 LivingSocial，他们以让用户发展推荐人的方式，有偿邀请用户与其朋友们共享网站的服务产品。还有 Spotify，与 Facebook 的融合，让他们得到了免费的广告宣传平台。

增长黑客式思维

增长黑客都有自己的具体战略，但更为重要的是，他们运用了同一种思维方式。整个过程的大致总结如下：

步骤 1　将营销融入产品开发过程中；

步骤 2　靠种子用户打开销路；

步骤 3　在整个过程中植入病毒式增长元素；

步骤 4　在数据的引导下，以实现产品最优化为目标，不断重复以上步骤。

他们这些有新意的做事方法都有助于实现企业增长。同时，因为他们都来自新兴企业，选择走这条与传统营销型企业完全相反的道路，原因有两点：第一，他们没钱；第二，他们没经验。

因为这些企业没有巨额的广告预算，也没有实操经验，所以只能施展创意，拓展营销的内涵，得到最大的实惠。与此对应的，那些有能力一年投入上百万美元做广告的企业，下场往往却很悲惨，投资回报率也很低。

GROWTH HACKER MARKETING 专家点评

实际上，即便是土豪公司也无法保证确定的、稳定的增长，仍有可能因为不起眼的产品特性被后发的竞争对手颠覆，比如，支付宝就曾被微信的红包功能打得措手不及。

对于营销人员的定位，一直以来，我们大家的想法都是错的。我们觉得自己做了不错的营销决策，其实不然。老的营销套路让这种错误的决策，付出了惨重代价。大家花数月时间策划的营销活动，对产品的销售压根没帮助，却没人愿意承认这一点。增长黑客从根本上为我们缩减了错误的代价，让我们尽情地去尝试、经历新事物。

终于，我们不用再做旧思想的奴隶了。

这本文字不多的小书，凝聚着数十名增长黑客的见解。我在采访他们或通过其他途径了解他们时，发现他们每个人使用的策略都不尽相同。有的是靠病毒式增长方式做事；有的则更看重产品与服务的最优化。他们有些是邮件营销方面的专家，有些则擅长借助平台和应用程序营销。不过结果都一样：吸引来大量关注人群。

虽然策略不同，但目标只有一个：用有效的、可度量的、有数据支撑的方式把消费者拉过来。当然，这样做肯定不会像雇用创意公司、租用随处可见的广告牌、请名人助阵或是像《广告狂人》中的场景那样过瘾。

传统营销与黑客式增长之间的不同就在于，那些看似很炫的方式再也不能保证你收获成功了，何况它的花销比增长黑客们的方法要多 50% ～ 100%。

增长黑客的思维方式是一种全新的思维方式，它不是具体的工具。如果说你能从本书中学到些什么，那么只能是增长黑客的思维方式了。

什么是营销，什么不是营销，如果你能打破这种陈旧的思维定势，营销就会变得简单、实惠、可度量。从此以后，游戏规则将永远改变。毫无疑问，形势肯定会呈几何级好转。

附赠

GROWTH HACKER MARKETING

写在本书纸质版面世之际

能对本书的电子版作扩展更新，我感到幸运之至。我不会在此重述观点，而会分享一些额外的心得领悟，这些领悟来自你刚刚读完的这本《增长黑客营销》。

毕竟，如果我都未能实践自己的理论，那么这本书又能有多大价值？你能想象我在营销自己的新书时用尽了千方百计，就是不用书中所说的增长黑客式营销方法吗？

虽然蒂莫西·费里斯的新书发布让我积累了不少经验，但我的这本书不一样：从一开始营销它，我就掌控了全局，并运用了书中提到的营销方法。

我采用了以下四个步骤：

步骤 1 用低成本检验你的构想，在反馈中不断完善，而后正式启动

本书一开始并非以纸质书的形式呈现，我最初只将它作为一个最小可行性产品——一篇刊登在《快公司》杂志的仅千余字的简短文章。但文章获得了热烈反响，并进一步引起出版商——企鹅出版集团的兴趣。然而，我们没有选择传统的出版套路（出一本书要耗费 14 个月），而是迅速推出了电子版。这不仅极大降低了出版成本，也测试了市场反应，更重要的是，我们把竞争对手打了个措手不及。许多读者之所以能读到实体书，正是因为当初那个最小可行性产品的成功。我对电子版进行再编辑、完善和增补，然后才有了你手中的这本书。我对本书的完善，源于几千位原始读者对电子版的反馈，他们帮助我完成调整，了解市场，让本书更上一层楼。现在，观众已经就位，大幕已经拉开！

以上推广原理看似基础，但传统出版商在图书面世前，仅仅在书目推荐上的花费就能达到 6 或 7 位数，且大部分的书都不能回本。发行电子版的做法可谓一次飞跃，所有作者和出版商都可以借鉴参考。

GROWTH HACKER MARKETING 专家点评

国内暂时缺乏类似亚马逊图书商城这样完善的自出版销售平台，加之版权的保护力度仍亟待加强，因此，我建议想以此为生的作者还是尽可能留一手，不要一次泄底。当然，国内也不乏网络文学成功出版并成为畅销书的案例，但终归只是凤毛麟角。

步骤 2 降低准入门槛，利用有针对性的媒体和平台收获种子用户

我认为，推广本书时遇到的最棒的增长黑客式营销，是在合同谈判中的定价问题。我的上一本书《一个媒体推手的自白》的英文平装版售价为 26.95 美元，电子版售价为 12.99 美元。而这本书，我把电子版售价定为 2.99 美元。这意味着所有人都掏得起腰包。应该没有其他作者愿意像我这般努力地“征服”读者吧。把价格降至最低，再把内容输送给读者，最后一举成功。

我也有其他不错的增长黑客式营销。在本书上市之前，我汲取书中的内容和经验，写了大量的相关文章，然后一反常态地为一些有影响力的网站免费提供了这些文章。

文章在《快公司》《赫芬顿邮报》以及 slideshare.com、Redit 等杂志和网站颇受欢迎。在创业启动阶段，这种内容营销策略屡见不鲜，因为其成本极低（只要写出像样点的文章就可以了）。

我还有其他法宝，比如邮件列表。我的邮件列表中有上万人，那是我过去 6 年苦心经营的成果。名单中有你想不到的疯狂粉丝和狂热读者（想加入的人可登录：http://ryanholiday.net/reading-neasletter）。

最后，我还找到一个增长黑客圈子，他们正在寻找一本可以肯定他们的工作价值，并帮他们实现辉煌成就的书。圈中最有影响力的人物，从肖恩·埃利斯到安德鲁·陈都帮我在 Twitter 或 Facebook 上向粉丝推荐了这本书，他们让我的项目进展顺利。

步骤 3　给读者“哇”的惊喜，然后给他们更多回应

价格优势让本书在读者间的口耳相传更为容易，不过，病毒式传播才是我的拿手好戏。再次强调，保证实际价格低于产品在消费者心目中的预期价格很重要。它意味着人们会说：“这么便宜，简直难以置信！”

监测亚马逊后台的朋友告诉我，我的新书取得了成功。成千上万 Kindle 和 Goodreads 的读者都会标记、转发和分享书中的片段，这绝非偶然。

写作时，我十分注重句子的凝练性、逻辑性和趣味性，希望能给读者带去难以磨灭的影响。在纸质版中我下的工夫就更多了。

为本书撰写的营销文章和帖子拥有同样的效果。分享博客帖子比分享一本书简单易行，对本书来说，这些帖子是最基本的广告。

步骤 4　创建你的粉丝邮件名单

让大多数作家羞愧的是，他们没办法和读者联系，所以每本新书都得从零做起。我不愿意看到同样的事情发生在我身上，于是，我在电子书上加了一页，告诉读者：“发送邮件至 growthhackermarketing@gmail.com，彩蛋等你拿。”（如果你想要的话，惊喜还在等着你哦！）

大概有 10% 的读者会发来邮件，这个数据很不错。在读者高高兴兴拿到礼物的同时，最重要的是，我借此建立了一份粉丝邮件名单。

有了这份名单，我可以告诉粉丝这本书有新的平装增补本（这是许多读者都关心的问题），也可以向他们介绍我的其他作品。

如果谁眼睁睁看着顾客不留下联系方式就离开，那他一定是傻子。不过现实中傻子倒是挺多的。我的意思是你也要创建一份粉丝邮件名单，并努力把他们变成消费者。邮件名单是最简单、最有效的营销工具。

另外，在读者来信领取礼物的过程中，我也能收到他们的真实反馈。由简短的电子版开始，我可以基于读者的反馈，不断优化和完善纸质版图书。本书的纸质版比电子版内容多了30%，我在其中添加了新的案例，优化了语言，纠正了不少错误（理想状态是没有错误）。

我不想啰里啰唆，毕竟不是所有的人都要写书、出书。但我想证明的是，你能轻轻松松将增长黑客式营销运用到任何项目中。坚持实践书中的方法，形成一种习惯。至于结果？我可以告诉你，你刚刚读过的这本书，我费力最小，收获最大。

看起来我好像并没有拼了命去营销，事实上我真的没有，因为我不需要那样做。我把销售融入到产品中，将增长黑客式营销、产品开发和销售打造成一台永动机。而且我的方法可塑性和实用性都极强，你完全可以应用到你的新书推广、企业扩张，或者你在公司刚接手的项目中去。

当然，听不听与做不做最终取决于你。我只想说，有了这套新方法，我再也不会走老路了，因为它行之有效。

附赠
GROWTH HACKER MARKETING

关于增长黑客的 10 个常见问题

自从电子书面市以来，读者通过邮件、Twitter 或 Reddit 的“问吧”提出的问题多如雪花。我十分乐意回答读者的问题，因为这些问题正好契合了我在为本书做访谈研究时，自己对黑客式增长的一些思考。以下是我对一些常见问题的回答。

1. 如果你要创办公司或开发新产品，你会先问自己一个什么问题？

如果我要创办公司或开发新产品，我会先问自己：

- 谁会认同我的观点？
- 如何让平台马上就具备致命的吸引力？

◆ 为什么这项服务必不可缺？或者如何令它不可或缺？

◆ 一旦拉过来用户，我的服务会鼓励/帮助他们带来更多用户吗？

◆ 我愿意基于用户的反馈和表现对产品做出调整吗？该做什么准备？

◆ 我能干些什么酷炫疯狂的事情来引人注意？尤其是一些别人从来没有做过的事情？

2. 增长黑客式营销难道不是传统营销的 2.0 版本吗？

以下因素皆非营销行业的 DNA，但对增长黑客式营销来说都至关重要：

◆ 内部进行；

◆ 精益/高效；

◆ 可追踪；

◆ 内部（产品开发）高于外部（面向公众/引人注意）。

传统营销策略不会造就像 Facebook、Airbnb 和 Twitter 这类全球增长速度最快的公司。它们不是靠电子邮件或标准邮件等直接营销策略崛起的，而是在此基础上推陈出新。

对增长黑客来说，未来机会无限多。他们一手掌控着营销行业，因为行内的大人物已经越来越少，且效率越来越低。

3. 你用 0 营销预算收获了 10 万用户，请问关键点是什么？

你能做出的最佳市场决策，就是推出一件能满足特定群体实际需要、诱惑力十足的产品，不管要对产品进行多少次调整和改良。除非你手握一件能真正满足顾客迫切需求的产品，否则，想空手套白狼？别做梦了。想一想 Snapchat、Instagram 甚至美捷步吧。虽然这些公司的产品各异，但无一例外都能带给顾客“哇！”的惊喜。就是这种反应，能助你营销成功，让产品被口耳相传。

与其坐等奇迹发生，不如多花点心思在产品上。

问问自己：“为何用户会争先恐后挤进某新产品的公测名单？”为什么人们愿意在产品上市一周前就抢先注册？”价值定位是压倒性因素，正如 Dropbox、Mailbox 和 Gmail 这些炙手可热的产品，因为它们能让用户惊呼“我的天呐！”Kickstarter 上还有许多酷炫的众筹项目，也能让人眼前一亮。在那里，顾客甚至可以预定他们从未见过或者根本不存在的产品。

如果你的产品缺少亮点，感兴趣的人寥寥无几，那你需要回去好好研究研究，直至有亮点。只有实现这一点，后面才有可能引起媒体和权威人物的注意。

在对外营销和公共关系维护上，你要做的仅仅是接触和获取某些对你的产品极感兴趣、忠诚和狂热的用户，有了他们，你就能和他们一起成长。PMF 模式并不是偶尔发生的不可预测之事。无数企业为此孜孜以求，因为结果证明，投入数周或者数月都是值得的。

GROWTH HACKER MARKETING 专家点评

给用户显而易见的、可被量化比较的价值点，而不是成天徒劳地吆喝“我的产品更好”。

4. 为创业公司或产业做市场研究时，可使用哪些有用的渠道？

除了学习竞争对手和阅读圈内领先人物的博客帖子外，我最喜欢的策略之一，就是在 Reddit 上找一个以目标市场或圈子为主题的板块，然后订阅、阅读文章（评论也要看看）。持续几个星期，你就会知道大家讨论的重点，了解他们的喜好厌恶。

不过，提到市场研究，我觉得重要的并非工具，而是付出的努力。你花了多少时间？你是否真的乐意听取周围人的反馈？你是确认偏差的牺牲品吗？这些问题的答案比在 Wufoo 论坛上向用户提问更重要。

5. 在实现 MPF 模式之前，就要将“病毒”植入产品中了吗？

我认为二者不需要划清界限。MPF 模式本身就是病毒的一部分。你在做一件顾客“想要且需要”的产品。以 Dropbox 为例，如果没有产品与市场匹配的过程，“免费云空间”策略根本不会奏效。这是一个先有蛋还是先有鸡的问题，所以，不要纠结先后次序，但得确保你同时创立了两者的基本框架。

6. 我曾拜读过你对比传统营销策略和增长黑客式营销的帖子，我有传统营销经验，但是我想转变为增长黑客，该怎么做?

找一家能发挥你技能的创业公司，试试你的新策略。还有更好的办法：找一样你感兴趣的产品，然后找到与这个产品最接近的人，向他们提供他们想要的灵感。阅读我的文章，有助于形成增长黑客思维，而实践可以学习增长黑客的技巧。

7. 我想针对目标人群加点广告内容，让实体商品也能引起轰动效应，需要考虑些什么?

换位思考，顾客为什么会留意你的广告?我的提议是写上这句话：点击视频，看看这款你见所未见、闻所未闻的新产品！不够振奋人心，对吧?好，试着做出改变，没准幸运之神就降临了。怎么让你的商品不需要依赖广告，而是靠质量价值说话?

坦白说，要让实体商品产生轰动效应的最好办法就是“人”，因为人可以亲身体验。但如果你确实想做点有用的广告，请确保它足够吸引人，能让你的商品在众多的产品中脱颖而出。

8. 你怎么看待传统广告和公关公司?

公关公司糟糕透了，要是我在里面工作，准会马上辞职。无非就是和一些无关紧要的人（也就是传统媒体记者）维持乱七八糟的关系。

至于广告机构，我不喜欢他们的模式。为什么你要付钱给别人，让他们来做一些你大可亲力亲为，直接告诉潜在顾客的事情呢？我无法理解。但我要说的是，广告人身上有很多值得学习借鉴的地方，你完全可以应用到公司里或负责的项目中。

仅作为选择方案：我会把精力放在帮助人们做一些真正酷炫、有意思的事情上。如此一来，媒体不仅会关注，甚至还会敲烂你家的门。

9. 我是否需要成立一家科技创业公司来运用黑客式增长策略呢？或者，黑客式增长策略在其他行业是否奏效？例如会计、律师，或烤箱这类小家电，B2B 领域呢？

增长黑客思维适用于各行各业，因为各行各业都需要让服务不可或缺，都需要找到市场空白，发现未被开放的有利可图之地，需要鼓励顾客口耳相传，并根据数据和反馈不断优化产品。

增长黑客服务的社交网络，用户数以百万计，这固然令人惊叹，但它更容易获取的是免费产品的用户，而非顾客。不过，你最终还是会乐意把黑客式增长策略应用到各个行业，可能是实体商品，也可能是餐厅，都可一试。

GROWTH HACKER MARKETING 专家点评

传统的实体经济依托于“原子”，而互联网则依托于“比特”，二者存在固有的差别，例如，生产一单位商品的边际成本、传输配送的速度与规模等。增长黑客的许多手段并不完全适用于传统商业，但许多思维方式的确是共通的。

这就是为什么我会用增长黑客的例子作为本书的总结。我想表明，重要的不是产品，而是应用增长黑客的思维方式。例如，在 2012 年，阿伦·金就以增长黑客的身份为总统大选服务。我可以说，你能将黑客增长思维用在众筹平台，甚至慈善机构上。正如大家所说的，实践是检验真理的唯一标准。

10. 你会为怀有壮志雄心的企业家推荐什么书？

我喜爱的一些书：

- 《22 条市场营销黄金法则：违者后果自负》（*The 22 Immutable Laws of Marketing: Violate Them at Your Own Risk!*）艾·里斯（Al Ries）、杰克·特劳特（Jack Trout）合著
- 《权力的 48 条法则》（*The 48 Laws of Power*）罗伯特·格林（Robert Greene）著
- 《33 种必胜的战争策略》（*The 33 Strategies of War*）罗伯特·格林（Robert Greene）著
- 《反脆弱》（*Antifragile*）纳西姆·尼古拉斯·塔勒布（Nassim Nicholas Taleb）著
- 《食鲸之鱼》（*The Fish that Ate the Whale*）里奇·科恩（Rich Cohen）著

◆《维基经济学》（*Wikinomics*）唐·塔普斯科特（Don Tapscott）、安东尼·D. 威廉姆斯（Anthony D. Williams）合著

◆《疯传》（*Contagious*）乔纳·伯杰（Jonah Berger）著

◆《海盗的困境：新文化如何实现资本再造》（*The Pirate's Dilemma: How Youth Culture is Reinventing Capitalism*）马特·马森（Matt Mason）著

◆《反叛手册》（*Rules of Radicals*）索尔·阿林斯基（Saul Alinsky）著

◆《新新事物：硅谷文化》（*The New New Thing: A Silicon Valley Story*）迈克尔·刘易斯（Michael Lewis）著

◆《未来是湿的》（*Here Ccomes Everybody*）克莱·舍基（Clay shirky）著

◆《紫牛》（*Purple Cow*）赛斯·高汀（Seth Godin）著

◆《11 枚戒指：成功的灵魂》（*Eleven Rings: The Soul of Success*）菲尔·杰克逊（Phil Jackson）、迪里汉提（Hugh Delehanty）合著

◆《十亿美金的教训：你可以从过去 25 年最不可宽恕的企业倒闭实例中借鉴的经验和教训》（*Billion Dollar Lessons: What You Can Learn from the Most Inexcusable Business Failures of the 25 Years*）保罗·卡罗尔（Paul

Carroll)、梅振家（Chunka Mui）合著

- ◆《刚左营销》（*Gonzo Marketing*）克里斯托弗·洛夫洛克（Christopher Locke）著

想获得更详细的书单，可以关注我的每月推荐：http://www.ryanholiday.net/reading-newsletter。

GROWTH HACKER MARKETING 专家点评

中国读者还可以阅读我的《增长黑客》。在书中，我分析了许多本土案例，加入了更翔实的细节和图表。另外，也可以在豆瓣等网站查看与本书及《增长黑客》相关的推荐书籍。

附 赠

GROWTH HACKER MARKETING

想成为增长黑客？你可以这么做！

这本书只是个引子，只想向你传达一种思维方式以及一种新的做事方法，很遗憾，我没有十分具体的策略。想成为增长黑客，想知道接下来该怎么做，最好的办法就是直接找到可咨询的目标。我的意思是，在一个真正的增长黑客手下学习。

没有哪个营销人员能把学校学来的东西直接运用到实践中，他们的经验都来自日常工作。好在，有那么多新兴企业和处于发展阶段的公司，正需要为之效力的人才。进入那些公司，你既可以赚工资，又可以学到东西。

不过，如果你没有时间和渠道的话，我在下面列举了一些很好的学习资源，本书也正是得益于此。

与增长黑客相关的知名人士及其博客

安德鲁·陈（Andrew Chen）

http://andrewchen.co

诺亚·卡根（Noah Kagan）

http://okdork.com

帕特里克·瓦兹克维兹（Patrick Vlaskovits）

http://vlaskovits.com/blog

twitter.com/pv

耶西·法默（Jesse Farmer）

http://20bits.com

肖恩·埃利斯（Sean Ellis）

http://www.startup-marketing.com

保罗·格雷厄姆（Paul Graham）

http://www.paulgraham.com/articles.html

亚伦·吉恩（Aaron Ginn）

http://www.aginnt.com

乔希·埃尔曼（Josh Elman）

https://medium.com/@joshelman

增长黑客们的相关问答在这儿

http://www.quora.com/Growth-Hacking

与增长黑客相关的书籍

《精益创业》埃里克·莱斯著

《疯传》乔纳·伯杰著

《精益创业家》布兰特·库珀、帕特里克·瓦兹克维兹合著

《创业者》杰西卡·利文斯顿著

《病毒循环》亚当·潘恩伯格著

《精益创业营销》肖恩·埃利斯著

与增长黑客相关的资讯网站

http://www.creativelive.com/courses/smart-pr-artists-entrepreneurs-and-small-business-ryan-holiday

http://www.slideshare.net/mattangriffel/growth-hacking

http://quibb.com/links/growth-hackers-conference-all-the-lessons-from-every-presentation

http://www.slideshare.net/yongfook/growth-hacking-101-your-first-500000-users

http://www.slideshare.net/gueste94e4c/dropbox-startup-lessons-learned-3836587

https://www.growthhacker.tv

http://www.slideshare.net/yongfook/actionable-growth-hacking-tactics

https://generalassemb.ly/education/user-acquisition-growth-hacking-for-startups

https://www.udemy.com/growth-hacking-lean-marketing-for-startups

http://www.slideshare.net/vlaskovits/growthhacker-live-preso-by-patrick-vlaskovits-pv

http://www.slideshare.net/timhomuth/think-like-a-growth-hacker

http://www.fourhourworkweek.com/blog/2011/09/24/how-to-create-a-million-dollar-business-this-weekend-examples-appsumo-mint-chihuahuas

http://www.growhack.com/case-studies

增长黑客联盟网址

http://growthhackersconference.com

最后一点甜头

撰写本书的过程中，我做过一些采访，如果你对采访的原始材料以及我所收集的研究材料和文章感兴趣，我可以发送给你。

你只要发邮件到以下的邮箱即可：

http://Growthhackermarketing@gmail.com。

我还可以免费送你我的第一本书《一个媒体推手的自白》中的一章内容，这本书会教你免费做宣传。除此之外，我还会送给你价值 58 美元、时长为 2 个月的 Growth Hacker TV 会员兑换代码。

附 赠
GROWTH HACKER MARKETING

词汇表

增长黑客作为一种技术和数据推动思维，可能会让初学者望而却步。虽然 Dropbox、Airbnb 和 Facebook 的成功大家有目共睹，但当你开始深入探究细节时，如增长黑客的营销方式和成功的原因等，估计你会看傻眼了。什么是同期群分析？什么是维里系数？在过去一年的研究中，我为增长黑客常用的一些核心概念做了释义，现在将它们罗列出来，权当个人使用和书目参考。

这份词汇表不仅有助于你理解增长黑客相关的概念和原则，而且对理解大咖们的犀利建议和秘诀也大有裨益。词汇表如下。

A/B 测试（A/B Testing） 就如字面意思：你设计两个网站或两款产品，然后把它们同时推向市场，看看哪一个更受欢迎，是 A 还是 B？不过，要如何了解消费者动态和市场反应呢？别担心，谷歌、Qualaroo、Optimizely、KISSmetrics 等网络工具都能助你一臂之力。A/B 测试的结果客观明确，你再也不需要凭直觉瞎猜了。

拔靴法（Bootstrapping） 拔靴法是公司集资的一种方式，是没有外部资金支持、财政预算紧张的科技初创公司的常用手法。如今，科技公司若从风险资本家处筹到巨额资金，都会大肆庆祝一番，所以自助法可谓是荣誉的前兆了。拔靴法尤其指你得为自己的市场买单，或者是让你的市场自己买单。这意味着你要用增长黑客策略，拉拢顾客，想方设法让他们在你身上花更多钱。GitHub、37signals 和 AppSumo 都是运用拔靴法成功的典范，它们从未吸收过外部风险资本。

跳离率（Bounce Rate） 跳离率可以测试产品的黏性。你可以从谷歌分析或者 KISSmetrics 等网络工具中得知你的网页的跳离率。当访客点击你的网页时，有多少人会马上关闭？百分比是多少？如果百分比很高，并且总是很高，这意味着两个问题。第一，你的网站或服务糟糕透顶。（针对这一点，请参考 PMF 模式）。第二，你的用户群定位有误，虽然没准你还用了价格不菲的传统营销方法。为了降低跳离率，你需要通过 A/B 测试不断提高服务质量，或者调整你的用户人群。即使你的网页只有相当小一部分的人会继续浏览，我要强调的重点是，千万不要一味追求高访问量。只有这样，降低跳离率才更容易、更有效。也别试图再次出现在 TecbCrunch 上，因为只有第一次出现才有利可图。

同期群分析（Cohort Analysis） 相对于将所有用户视为一个整体，同期群体分析会根据网页应用程序收集到的数据，对相关用户进行分类。

同期群分析能让你着眼于特定群体的完整生命周期，然后针对不同客户群，提供不同的业务。增长黑客会运用同期群分析，对特定用户进行跟踪，包括从首次接触到销售漏斗形成的过程，为顾客提供所需的产品。

转化率（Conversion Rate） 简而言之，转化率 = 访客人数 ÷ 完成目标行为人数。目标行为指的是注册、购买、输入电子邮箱地址等行为。增长黑客深深痴迷于转化率。即使有一天，他们对认知度、关注度或心理份额不屑一顾，也不会不关心转化率。转化率至关重要。毕竟，如果新访客纷至沓来，销量却没有一点变化，那又有什么意义？

增长黑客（Growth Hacker） 增长黑客，说白了，就是想方设法使公司业务实现增长的员工。根据安德鲁·陈和许多硅谷先锋们的说法，增长黑客正在逐渐代替传统市场营销总监的位置。增长黑客的首要目标是把伟大的营销点子融入产品的开发进程中。增长黑客通常会有程序编制背景，但这不是必需的。他们擅长假设测试，通过产品迭代让公司业务实现曲棍球式增长。我们熟知的增长黑客有诺亚·卡根，他曾是 Facebook 和 Mint.com 的增长黑客，后来创立了 AppSumo，传奇般地将 60 美元的投资转化为现在价值 7 位数的业务。还有肖恩·埃利斯（Sean Ellis），他为 Dropbox 制定的营销计划带来了数百位新用户。埃利斯现在是 Qualaroo 的 CEO，并兼任其他公司的创业顾问。

黑客式增长（Growth Hacking） 黑客式增长属于一种商业策略，它摒弃传统营销，而以客户采集技术取而代之，这种技术具备可度量、可追踪和可扩展性。其工具是电子邮件、点击付费广告、博客、平台应用程序接口，而不是广告、宣传和美元。传统营销追崇模糊的概念如“品牌”和“心理份额”，黑客式增长则不懈地追求用户和用户增长，当他们的方法正确时，用户就会招徕更多用户。增长黑客是发明家，操作者，也是自动维持、自动传输、可以让企业从无到有的增长机器的维修员。

最小可行性产品（Minimum Viable Product，**简称 MVP**） 最小可行性产品能让开发者不需大费周章，就从现有顾客和潜在顾客处收集到有用数据。《精益创业》的作者埃里克·莱斯认为，要实现 PMF 模式，MVP 是最佳方案。开发者可以基于市场反馈，不断改善产品。这种做法与传统营销方式背道而驰：传统营销人员总是试图一步登天，试图交给顾客他们自以为的最终产品。MVP 的理念是要单独考虑顾客群体，弄清楚他们的需要，然后再推出让人忍不住点赞的产品。这些都是市场的决策，而不仅仅是开发者和设计者的个人选择。举个例子，亚马逊网站的开发团队研发新产品之前，产品经理必须向负责人提交相关的新闻稿。如此一来，开发团队就需要关注市场动态，并寻找自家产品的特别之处。

战略调整（Pivot） 埃里克·莱斯将战略调整定义为“对产品、策略和增长引擎提出的新假设进行结构修正的过程”。换言之，就是由于顾客对产品的喜爱程度不及预期，所以要对产品进行调整改善。起初，Instagram 只是 Burbn 架上一款普通的应用软件，但后来它基于用户的反馈做出调整，摇身一变成为了今天众人皆知的图片处理应用程序。Instagram 重新上架后仅 1 周，便增长了 10 万名新用户。18 个月后，创始人就以 1 亿美元将 Instagram 卖出。这就是战略调整的妙处。

“产品—市场”匹配模式（Product Market Fit，简称 PMF） PMF 模式是产品和顾客间的完美同步。这是每一位增长黑客做梦都想得到的圣杯。他们认为，产品，甚至是整个企业或商业模式，都应该应时而变，直到能让顾客过目不忘，轰动一时。换句话说，你能做出的最佳市场决策，就是推出一件能满足特定群体实际需要、诱惑力十足的产品，不管要对产品进行多少次调整和改良。在增长黑客眼中，产品和服务都具有可塑性，并可以不断完善，直到出现最好的版本。

独门绝技（Stunt） 独门绝技是新产品被人们津津乐道的东西。有时候，独门绝技是拉拢用户的最好办法，它将拉开黑客式增长的序幕。独门绝技的重点在于开发出别人不以为然的系统或平台。Uber 就是利用独门绝技让产品得到了病毒式传播，并颠覆了传统出租车行业的局面。例如，在情人节当天，Uber 团队会为所有想要给伴侣一个惊喜的用户免费提供玫瑰花。Uber 还和冰激凌车合作，顾客只需点击 Uber 的 App，即可享用美味的冰激凌。此外，Uber 还协助美国国家橄榄球联盟，为经常喝得醉醺醺的球员提供安全乘车服务。

销售漏斗（Sales Funnel） 销售漏斗指从找出潜在客户，到引导他们完成销售过程的一系列步骤。销售漏斗的最终目标是尽可能多地将潜在用户转化为付费用户。例如，Mint.com 直接把潜在客户开发流程，合并到应用程序中。销售漏斗的最顶端是免费用户，用户可以免费注册 Mint.com，并享受便捷的个人理财服务。然后，Mint.com 和金融服务公司合作，允许金融服务公司向广大免费用户提供收益更高的交易。

其他增长黑客，如 AppSumo 的诺亚·卡根，他通过向顾客提供诱人的折扣，带动销量，让顾客一步步走进漏斗底端。

黏性（Stickiness） 服务或产品的黏性可以认为是顾客购买产品后，愿意再次购买或者推荐给别人的程度。奇普·希思在《让创意更有黏性》（*Made To Stick*）中谈到，具有黏性的想法和产品往往是简约的、可信任的、让人惊讶的、故事性强的且有情感的。增长黑客把这个概念延伸到服务和平台上。有人注册了，他会是活跃用户吗？会头也不回地走掉吗？有人使用你的 App 了，他会爱不释手吗？还是会一个劲地说“真无聊啊！”例如，Twitter 新增了“建议用户名单”功能，使得用户更离不开 Twitter，因为现在他感兴趣的朋友也加入 Twitter 了。让你欲罢不能，一直使用该产品，这就是黏性。

虚荣指标（Vanity Metrics） 虚荣指标是指让你自我感觉良好的指标，但这类指标说到底是肤浅的，甚至带有欺诈性。例如，你会关注网站的访问量（恭喜你！网站访问量上升！）但却忽略了转化率、跳离率、用户的浏览时间等，这很容易让你掉进虚荣指标的陷阱里。

“虚荣指标就是你想登上 Techrunch 的次数，好让对手惶恐。”埃里克·莱斯说。但虚荣指标的用处也就这么点。

虚荣指标是初创公司描绘的美好却又不能付诸实施的蓝图。用虚荣指标作为参考标准容易让人自以为是 :“看，我的博客有这么多用户！”不过，若稍有不慎，拉拢用户时投入的成本就会让你功亏一篑。而像 A/B 测试这类技术则能提供可控指标，因为你能重复观察结果。

病毒循环（Viral Loop） 病毒循环是用户从看到某产品或服务，到使用、分享的过程。例如，假设你的朋友收到他最爱的商家发来的一封信，邀请他参加一场比赛。朋友参加了比赛，并分享在 Twitter 上，因为它是比赛的入场券。你看见朋友的 Twitter，很自然地点开，也参加了比赛，并分享给更多的人。这就是病毒循环的自行增长机制。Facebook 的 Newsfeeds 板块和可嵌入的 Youtube 视频都是病毒循环的例子。

病毒营销（Virality）和病毒营销系数（Virality Coefficient） 病毒营销是产品或想法的口碑相传。因为黑客式增长的中心就是产品的可扩展性。理想状态下，你会希望你的营销努力能带来用户，用户又会带来更多的新用户，这通常取决于增长的病毒式工具。病毒营销的核心在于，让顾客动用其社会资源，免费为产品发帖子、做推荐。但病毒营销并非偶然的产物，相反，它是可设计的。这就是为什么病毒营销对黑客式增长如此重要。

理想状况下，增长黑客追寻比 1 大的病毒营销指数（即“K 因素”）。“K”因素原是医学上用以描述疾病传染性的术语。在创业界，病毒营销指数则用于衡量现有用户能带来新用户的数量。如果 1 位用户平均都能带来超过 1 个新用户，那么，“K”因素就大于 1，这意味着你的公司就要实现病毒式传播了。

产品、业务或内容只有激发了用户的分享欲望，才会实现病毒式传播。除此以外,增长黑客得“煽风点火”,运用传播工具,举办相关活动。其实道理很简单，只是通常我们都不会承认：要想产品得到病毒式传播，首先，它得要携带病毒或者就是病毒本身。

致 谢

我要谢谢萨曼莎·胡佛，在本书的撰写和研究过程中，她给予了我耐心的指导和帮助。我还要感谢布伦特·安德伍德和迈克尔·滕尼的营销支持。感谢美国服饰的老兄米尔特·德埃雷拉和我一起做这些实验。感谢尼基·帕帕多普洛斯指引我在《快公司》刊登文章。感谢我的理财顾问史蒂夫·亨塞尔曼，是他让这本书最终面市。最后，我要感谢不吝指导的增长黑客们，还有我的亲爱的读者们，谢谢你们的反馈，感谢你们让这本书从一个最小可行性产品成长为一本畅销书。

为什么营销人员都应该成为增长黑客?

《福布斯》(*Forbes*)杂志专访瑞安·霍利迪

最近,我和瑞安·霍利迪进行了一次谈话,他写了一本新书,叫做《增长黑客营销》。为什么传统的营销方式不再奏效?为什么与之相比,增长黑客的营销方式更划算、更有效,能同时实现产品宣传与吸引消费者的双重目的?对于以上问题,书中都有详尽的解释。访谈中,瑞安谈到了何为增长黑客,并列举了几个增长黑客的具体事例,解读了他们成功的原因,并针对"如何成为一名增长黑客"这个问题给出了几点建议。

什么是增长黑客?你撰写此书的初衷是什么?

可以说,增长黑客是一些世界顶级(或极为出名的)企业的秘密武器。Facebook、Twitter、Uber、Square、Airbnb、Dropbox，这些企业都是白手起家从零开始，但现在已经积累了数亿名用户。这些公司使用的就是增长黑客式的、科学的、可度量的营销方式。我之所以写这本书，就是想给那些所谓的传统营销人员敲个警钟，尤其是当他们正准备投入大量资金做营销的时候。如果说，世界上规模最大、增长速度最快的企业，在发展过程中完全无视了你所在领域的所谓的精髓准则，那你肯定会彻夜难眠。

能给我们举几个增长黑客的例子吗？离开传统的营销方式，他们是怎样成功的？

Instagram 原来只是 Burbn 上的一款应用软件。后来它摇身一变成为独立的图片处理应用程序，单独在应用商店上出售。这就是黑客式增长。Airbnb 有 40% 的消费者来自“用户推荐”功能。这就是黑客式增长。Hotmail 在每封邮件底端都添加一段“爱你们”的附言，以此成就了自己。Gmail 只是通过向用户发送邀请就实现了产品宣传。Mailbox 在一周之内就获得了 100 万用户，方法是让新用户排队注册。这些都是黑客式增长。蒂莫西·费里斯与 BT 下载网站联手，通过免费下载部分图书内容的方式，把他的新书《每周做饭四小时》打造成了畅销书。

这样的例子不胜枚举，不过，这些企业都有一个基本的特点：**它们都不受传统营销规则的束缚，最后都成功建立了自己的品牌，并且**

速度非常非常快。这些企业没有空想，没有在广告上白白浪费资金，没有搞大型的营销活动，没有请重量级媒体进行专访，也没有试图寻求名人的支持。它们的成功让我对那些主流的营销方式产生了强烈的质疑。

为什么你会觉得营销界发生了根本性的变化？营销界如今的规则又是怎样呢？

当 Facebook 决定组建增长黑客团队，而不是营销团队，并在几年的时间里收获了 1 亿名用户时，就说明天平已经开始向那些新兴企业倾斜了。这些企业明白，它们不能只顾着赚钱，高薪聘请营销总监，或者每月花上万美元来指望公关公司，那不会让谁脸上有光。它们懂得只有脚踏实地地努力，主动出击，才有可能成功。

增长黑客在工作中，会更多地用到右脑。虽然他们在创造性思维上有所不足，但在可度量性、有效性以及灵活性方面做出了有效的弥补。你会发现，越来越多的人开始关注并践行这种营销方式，因为新兴企业的创始人在这方面有非常迫切的需求。黑客式增长需要考虑以下规则或问题：

- 理想状态下，谁会首先被你的产品吸引？
- 此时此刻，你要怎样吸引目标群体？
- 为什么你的产品或服务不可替代？
- 一旦消费者出现，你的产品或服务有足够的魅力让他们自动为你做宣传吗？

- 面对消费者的反馈，你有多强的意愿去改善你的产品？
- 为了吸引消费者的注意，你愿意做出哪些前所未有的疯狂举动？
- 你们要怎样跟踪观察整个过程？

有人表示不同意你在书中的观点，对此你作何感想？

那他就麻烦了。拿新闻发布会来说，这是一种很基本的营销方式。你知道它源自何时吗？第一次世界大战之前。你们这代人在学校里学的就是这些，现在学校的老师们也这样教你的孩子。但实际上，我们的媒体环境已经发生了变化。如果你立志进入营销界，你是想沿用旧思想、运用已经时过境迁的营销方式，还是加入新一代企业创始人的队伍？

创建品牌产品会用到增长黑客的哪几种营销策略？

首先，不要老想着事后做营销。如果产品推出之后才想着营销，这产品基本就没救了。新产品要做到真正受消费者欢迎，让他们欲罢不能。根据早期市场反馈以及消费者的反映，对产品进行不断完善。

其次，别老想着搞大型的营销活动或发布会。刚开始的时候，你可以针对早期用户举办一个小型见面会，但没必要花钱上《纽约时报》的头版。告诉消费者如何使用你的产品，在引导的过程中宣传你的产品。

努力实现一种让用户为你免费做宣传的营销机制，如此一来，你的产品就会在他们中间流行开来。最大程度地利用病毒营销，给用户一些利益，鼓励他们将产品介绍给亲友，鼓励他们在他人面前使用你的产品，鼓励他们和你一起努力树立品牌形象。

最后，反复改进，提高，完善。

成就属于你的黑客式增长

《营销周刊》（Marketing Week）专访瑞安·霍利迪

美国服饰公司的营销总监瑞安·霍利迪刚刚出版了一部名为《增长黑客营销》的图书。下面让我们听听他要怎样做到学以致用。

什么是黑客式增长？

黑客式增长就是增长黑客的营销方式给产品带来的影响。这种营销方式诞生于2013年，它把注意力从新闻发布会、电视广告以及广告宣传转移到了可度量、可追踪、高效、有韧性、有创造性的科学技术上。增长黑客充分利用这些工具，不仅吸引了消费者的注意，还让这种注意力引发了爆炸式的增长。

这种演化机制以什么为动力？

其主要动力就是精益创业模式。不是所有初创企业都有 1 000 万美元的启动资金，它们有时可能只有 1 万美元。所以，在这些没钱雇用专业的营销公司或是专业人士做营销的企业，做产品开发的人就自然而然地承担起营销人员的角色。因为这些人不知道应该怎样做营销，所以他们开辟了一条新路径。而事实证明，这条新路径彻底颠覆了传统营销模式，这或许会让营销界变得更好，也可能不会。

今天的营销人员有多需要新兴企业的这种意识呢？

其实每个人都需要有这种营销意识。如果你固执地按照老路子走，有一天，你会突然发现自己落伍了。

黑客式增长策略正变得越来越主流化。当你浏览 Facebook、Twitter、Dropbox 和 Airbnb 时，是否知道它们刚创立不久？如今，这些企业的价值却飙升到了几十亿美元，在它们的发展过程中，没有用到传统的营销手段。

对于这些企业的成功，我们没有质疑的余地；对于在没有价值的事情上耗费大把时间和金钱的做法，我们也没有辩解的余地。

在美国服饰公司，你是怎样实现黑客式增长的？

美国服饰公司的企业结构是垂直式的，所以可以更为灵活地实践全新的营销方式。美国服饰公司能在不到一周的时间里通过一种可度量、可追踪的渠道完成产品的设计、制作以及销售。我们能让部分新产品在零售店上架，然后 CEO 会给零售店打电话，询问销售情况，再决定这种产品是否要大规模上市。

在担任美国服饰公司营销总监的同时，你还是一位为图书作者和音乐人出谋划策的媒体推手。你怎样将增长黑客的营销方式融入到工作中？

如果说你能让一本图书的销量实现黑客式增长，那么你就能在任何产品上做到这一点。虽说图书出版有着几千年的历史，可在发布和销售手段上却一直没有太大改变。然而，给蒂莫西·费里斯的最新图书做宣传是个绝佳的时机，正好可以检测一下增长黑客的一些技巧，看看它们的效用如何。

当时，我们的零售渠道被完全堵死，也没有媒体助阵，虽然有很多老办法可以尝试，但我们还是决定选择新的渠道向公众宣传。

在图书出版前，我们进行了大规模的市场调查，还和很多博主达成合作共识。我们找到了 BT 下载网站作为合作伙伴。合作过程中，我们把图书的一部分内容传到网上，供人免费下载，下载次数达到了上百万次。

这是整个图书发布过程中，最为有效的阶段。据粗略估算，这本图书可以实现 25 万册的销售业绩，与此同时，那本图书还登上了所有主流的畅销书榜单。

在美国服饰公司，你一向以喜欢冒险而闻名，那么对于营销人员来讲，突破常规的做法有多重要呢？

对于增长黑客来讲，冒险精神至关重要。在任何时候，冒险并不意味着鲁莽，只是你所要尝试的新事物有失败的风险。你要敢于打破常规，美国服饰公司就愿意做出这种尝试。我想很多企业都有这种意愿，只不过它们还没有尝到其中的甜头。增长黑客的成绩让人震惊，我觉得这也是对他们一些正确想法的有效验证。

你认为增长黑客都擅长哪些领域的工作？

很多人都不接受增长黑客的思维方式，说这种思维只有在技术公司才有用武之地。我想说的是，这种思维方式运用在技术公司上很容易，它确实就是从技术性公司孕育起来的，不过很多从硅谷萌生的事物，后来都走进了我们的生活。

增长黑客的工作可不是简单地使用各种网络工具包，而是形成一种思维方式。这种思维方式不会指定你必须做什么，或者怎么做，而是会让你在做任何事情的时候，都从不同角度审视问题。

你觉得营销人员在哪些领域和方面会有更大的用武之地？

营销人员往往在产品开发上扮演着积极的角色。如果他们不只是默默接受产品，然后被动地做宣传，而是在产品的设计阶段就参与进来，那么就很有可能发现产品的致命缺点，或提出确定的方案，好让接下来的营销工作更加成功。这种 PMF 模式正是增长黑客所遵循的核心思想。

那么除此之外，今天的营销人员应该关注什么？

营销人员更应该把心思花在如何提高顾客的忠诚度上，而不是一味追求消费者的数量。怎样才能留住已经拥有的消费者，而不是一味地把新消费者拉进来？这个问题我已经多年没听人问过了。人们总觉得留住顾客，提高顾客的忠诚度是别人的事。

增长黑客给我们的启示就是：为什么我们要把仅仅是看似不同的事物完全割裂开来？实际上它们的内在联系比我们想象的要紧密得多。营销人员需要琢磨具体的实例，然后追随先驱的脚步去一一检验。

你怎样评价美国服饰公司营销团队？

我们拒绝那些空洞的东西。做网络广告的时候，我们不会关注点击量有多少，或者有多少人关注它。我们在这方面的成绩一直都还不错，不过它到底有什么作用？给我们带来销售额了吗？那些消费者身上的永久性价值在哪里？我们一直都在评价自己所使用的方法，然后从长远的角度来考虑问题。

营销工作应该是留住已有消费者，而不是另花 10 万美元去获得 1 万名新的消费者。找到那些已经被你拉进来的 1 万名消费者，然后想办法让他们成为固定消费者，这种方法才最划算。

对于你来讲，还有什么其他因素会让你改变工作方式吗？

有效的方法真的很重要。从简单的做法开始，然后在过程中不断摸索，这对我来讲也很重要。太多的营销人员把精力全部花在了大型发布会上，可增长黑客不会这样做。

首先，他们会探索怎样才能拉来 1 000 名消费者，然后是 10 000 名，接着就是 100 000 名，他们不会指望发布会召开后的第一周就获得 100 000 名消费者。你的赌注越大，失败的概率往往也越大，而你所要付出的代价也就越惨重，反之则不然。

要想保持这种黑客式增长，你打算怎么做？

第一次读到安德鲁·陈的文章时，我被深深地震撼了，因为文章中说增长黑客是新一代的营销总监，而我现在就是一名营销总监。不过，我很快就被这种全新的、正处于萌芽阶段的营销思维吸引了，紧接着就沉迷其中欲罢不能。

我希望尝试新事物，本能地抵制那些稳妥的、传统的东西。我想要把那些可度量、可追踪的新思想运用到实践中去，而且我也想从中收到更多实实在在的回报。

我也想让增长黑客思维方式继续发展下去，吸引更多传统型营销精英的关注，看他们还能带来什么新东西。

一切皆营销：
增长黑客如何重新定义游戏规则

在大卫·奥格威成为广告界最杰出的风云人物前，他只是个挨门挨户卖真空清洗器的推销员。正因如此，奥格威一直铭记：广告和直销相比，只是稍微可量化的一种创造需求的方式而已。

然而，我们离奔波忙碌的推销员和邮件订单目录的世界相去甚远。可大多数人都还没有看清这一基本现实。我们忘掉了传统营销方式背后的意图，所以新机会来临时才会因为不清楚自己的处境而到处乱撞。

市场营销的核心是扩展销路。广告就是广而告之，最终目的是带动销售；公关和宣传是用来吸引人注意的，最终目的是带动销售；社会媒体是促进交流的手段，最终目的是带动销售。许多人都忘记了，营销并不是整个过程的结束，而是拉动消费的开始。出于它的这一特殊属性，所有能够拉动消费的行为都应该叫做营销。

早些时候，科技随笔作家安德鲁·陈发表了一篇文章，反响颇大。他称增长黑客是市场营销的新病毒。当企业有了新的办法寻找新客户，我们就需要扩展营销的定义。正如安德鲁所写的："增长黑客就是营销人员和软件工程师的结合体，针对'怎样才能为我的产品找到消费者？'这一传统问题，增长黑客给出的答案有：A/B 测试、完善登录页、考虑病毒式增长因素、提高邮件到达率和善用开放图谱。"

细数本书列举的新型企业，从 Hotmail 到 Airbnb，再到 Groupon 和 Spotify，可以看到这样一个惊人的事实：之前人们从未将之看成"营销"的战略方法，如今却成为企业增长背后的最强动力。拿 Hotmail 来讲，它在浏览器下方插入了一条邮箱标语，这样一来，只要它的一名用户发送邮件，那么对于新用户来讲，这封邮件就变成了一张广告牌。再拿 Airbnb 来讲，它就是一种克雷格名单式渗透，Airbnb 网站上的用户可以把它当作交易的平台。再来看 Groupon 和 LivingSocial，它们通过让用户发展推荐人的方式，有偿邀请用户与其朋友共享网站的服务产品。还有 Spotify：借助 Facebook，Spotify 得到了免费的广告宣传平台。

这些创新之所以能够实现，能够行得通，是因为它们来自新兴企业。通常，企业反对传统营销有两个原因：第一，他们囊中羞涩；第二，他们经验不足。因为这些企业没有巨额的广告预算，也没有经过实际磨炼，所以只能施展创意，拓展营销的意义，得到最大的实惠。更何况，那些有能力每年（甚至每月）豪掷百万美元在传统营销上的公司，最后的投资回报率都不容乐观。

成功的案例不在少数，但不少公司还是死心塌地沿用旧方法和旧标准。假设你想进军演讲领域，要是你错误地混淆了市场营销和广告宣传，那么你或许会把钱花在Google Adwords或聘请经纪人上。但聪明的演讲家会退一步思考：我要打动谁？谁才是决策者？谁有能力让我举办更多场演讲？

所以没必要花钱买《纽约时报》的头版，因为它是面向全美国的，而你的宣传对象只是那几百或者几千名核心消费者而已。在百万大众中一举击中核心消费者的概率有多少？关键决策者阅读《纽约时报》的概率又有多少？然而，那就是大家在做的事情，白白浪费银子。

聪明的演讲家会选择写一本书，或者免费开一两场演讲，让人们“尝点甜头”。这会是他们可以做的最佳决策。

颇具影响力的行为工程师和畅销书作家，拉米特·塞西就是绝好的例子。在他向一位陷入瓶颈的小提琴老师出谋划策时，他问对方：“你心中的顾客是谁？”10岁小孩？不，不对。如果不把让学生成长为伟大的小提琴家作为目标（虽然这也会实现），她的业务会发展得更好。我们把目标定为帮助害羞的孩子走出保护壳，让孩子的大学申请书上多一项耀眼的技能。老师的广告语可以这么写：“杰姬的课程让我儿子进入了哈佛。”

动动脑筋，稍作调整，8个星期后，小提琴老师的业务量就增长到了 81 000 美元，并且一大批优秀的小提琴家（和未来的哈佛校友）冉冉升起。

从塞西的结果看，我们可以清楚知道，增长黑客能开出商业新角度，捕获新用户。在亚马逊网站，为了确保产品或计划有利于媒体叙述和发布，员工在实际行动前，都会为新产品和新计划撰写新闻稿。这看似是产品发展策略，但实际上它也是市场营销。而且它是最行之有效的：把营销融入到产品本身，而不是在产品发布后盲目策划。

一旦公司打破陈旧观念的束缚，管它是不是营销，整个过程就会变得更高效、更简单、更灵活。Dropbox 不用 3 年就打造出了价值数十亿美元的品牌，而它们的营销力量实际上惊人的简单。只是三件事：

- 不错的产品；
- 可以吸引早期用户的演示视频；
- 鼓励现有用户实现口口相传的病毒因素。

就是这样。Dropbox 做了一个简单易懂的产品，并在能吸引业内人士的 Digg 和 Reddit 网页上推出了一个演示视频（公测名单人数从 5 000 人上升到 75 000 人）。并且，作为奖励，老用户推荐新用户即可获得额外的储存空间。

欢迎进入黑客式增长时代，或者，换个更好的说法，欢迎进入实际营销——一个一切皆营销的时代。

当然，这样做肯定不会像雇用创意公司、租用随处可见的产品广告牌、请名人助阵或是《广告狂人》中的场景那样过瘾。传统营销与增长黑客式营销的不同之处在于，那些看似炫酷的方式再也不能保证你成功了，何况它的花销比后者多 50% ~ 100%。

因此,市场营销的未来应该是返璞归真。正如我们所知,一百多年前，购买广告是一种不需要面对面推销,就能俘获顾客的“全新的”有效方式。而今天，我们还有其他很多方法可以成功满足这个广泛的标准。是时候开始迎接它们了。(来源 :《快公司》，作者 : 瑞安·霍利迪)

增长黑客式营销的 5 个阶段

这是一个惊人的壮举。出现在我们眼前的，是一群能打造数十亿美元品牌价值的营销者，它们包括 Facebook、Twitter、Airbnb、StumbleUpon、Zynga、Dropbox、Reddit 和领英。

不可思议的是，这些品牌在没有传统广告、品牌合作或名人代言的情况下，用不到 10 年的时间，就创造了奇迹。它们摒弃传统营销策略，创造出的一系列跟唐·德雷柏的策略相比，更像是产品开发的营销新策略。但它们成功了，这些策略的效果非常显著。

需要提醒的是，这些品牌都是新生儿。它们的成功激发和启示了另一批有着同样惊人背景的新兴企业：印象笔记、Everlane、KISSmetrics、Qualaroo、Soma 和无数其他正处于孵化期、准备运用同样策略大干一场的企业。不过，这些品牌背后的营销人员并不认为自己值得特别的关注和惊讶。他们叫做增长黑客。

那么增长黑客是怎么做到的？他们的秘密是什么？增长黑客式营销如何真正有效？我们开门见山，直接访问了打造出数十亿美元品牌价值的大师们。以下是实现黑客式增长的方法，简简单单，适用于任何类型的业务或产品的策划。

步骤 1 打造 PMF 模式

一直以来，营销都跟在产品开发的后头。结果是，营销人员常常被迫推销那些不能让人产生共鸣的产品。而营销人员并没有参与到产品开发的原因是，他们没有任何的兴趣或技能。

增长黑客改变了这一现状，Twitter 早期的增长黑客乔什·阿尔曼表示："当你专注于理解用户需求，以及他们如何发现和使用贵公司的产品，你才能设计出让其钟情的功能，获取更多用户，而不是花大价钱做营销。"

增长黑客、StumbleUpon 创始人亚伦·吉恩说："黑客式增长的营销目的是受产品自身特性驱使的。"换句话说，我们不要只顾着营销，而要让产品自己实现价值最大化。这就是 Airbnb 和美捷步增长的原因。它们之所以会采用必要的、独特的问题解决方法，是因为很大程度上，是产品自己在营销自己。

黑客式增长与 PMF 模式密不可分。也就是说，一款设计完美的产品，必须符合一群特定用户的关键需求。Netscape创始人马克·安瑞森说：“产品是否进入了PMF模式，你一定可以察觉。”

没有进入PMF模式的最大的标志是什么？口碑不热烈。换句话说，它错在产品，而非营销人员。增长黑客会告诉你，没有进入PMF模式的产品是没有意义的。所以，不要过早进入营销阶段，而要不断调整和完善你的想法，直到成功。调查、测试、迭代和完善，奇迹就会出现。

步骤2 找到你的核心用户

产品通过测试并找到了核心消费群体，下一步做什么？

安德鲁·陈这样定义增长黑客思维方式：科技创业公司不需要公众意识，它需要的是用户、顾客和客户。增长黑客的工作就是用所有可能的办法“增长”这三者，如A/B测试、完善登录页、加入病毒式增长因素、提高邮件到达率和善用开放图谱。

增长黑客充分利用市场薄弱环节和被低估的机会。Spotify（全球最大的正版流媒体音乐服务平台之一）利用了Facebook平台；Airbnb从Craigslist挖走用户和访问量；Zynga充分利用廉价的在线广告和Facebook消息弹出框（其CEO后来解释说他们愿意做任何事来获取早期用户）；蒂莫西·费里斯在BT下载网站上免费赠送新书的部分内容，结果新书销量达到约250 000册。

细节会让你的产品或公司与众不同。正如吉恩所说，黑客式增长是一种思维，而不是一项工具。策略之间，很少有共性。那必要的思维呢？

忘记新闻稿和广告。让我们想想那些前人没有做过，并且能充分利用产品优势的事情。

正如 Twitter 产品经理保罗·罗莎尼娅描述的，增长黑客的工作就是尝试“许多想法，最大化成功，然后无情地快速抛弃死角”。

关键是要一直筹谋下一步。

步骤 3　病毒式增长因素

一旦获取了第一名用户，你肯定会想“如何获取更多用户”。最灵活的办法是让原始用户为你解忧。

Hotmail 也许是（早期）最好的病毒式增长的例子。它的第一位投资者蒂姆·德雷柏，要求创始人在邮件的下方添加“亲爱的用户，到 Hotmail 注册免费邮箱吧”。结果呢？ 6 个月，Hotmail 就收获了过百万用户。

保罗·格雷厄姆钟情于有多个合伙人的公司，因为这意味着他们的产品和想法至少会多一个支持者，而这些合伙人可以去说服更多人。并不是所有产品都会像 YouTube 视频一样实现病毒式传播，但成功总是依靠口口相传。增长黑客的工作就是开发一个人人趋之的产品，并鼓励这一过程能快速实现并自我维持。

再说说 Dropbox。通过推荐好友，我可以从 Dropbox 得到了额外的储存空间。而如果我要求前任老板和同事提供推荐书，那么我在领英上的简历就会更好看，我正准备邀请他们这么做呢。领英公司的增长黑客埃文·基里钦说："如果你的产品核心涉及分享，那么病毒式营销会影响重大，你应该重点优化它。"不仅仅是优化，更要鼓励。

"病毒式增长涉及增长机制、测试和基于数据的创造力，而这几乎是随机的。"亚伦·吉恩说。换句话说，你需要不断改进和完善你的产品，直到用户分享的速度提高。你不能妄想产品设计好后，就自己实现病毒式传播。事后加插"病毒"装置往往也不太奏效。人与人之间的传播不是放置几个点赞按钮就能解决的。

增长黑客的工作就是负责实现病毒式增长。

步骤 4　产品优化和顾客忠诚度

Fandrop 的增长黑客说，增长黑客需要具备两方面的才能，一是获取新用户的创意方法，二是观察指标的具体科学。

就算你可以吸引上百万名用户，如果他们不肯留下来，又有什么意义呢？留不住用户，只能说明你的产品不够完美。

"增长黑客"一词的发明者肖恩·埃利斯提醒我们，"必须不断关注影响用户体验的每一个因素"。

在线教育网站 Udemy 创始人、增长黑客联盟成员贾甘·比亚尼解释说，想要留住用户就需要"和现有用户（活跃用户和非活跃用户）面对面，理解他们离开的原因，然后再想办法让他们回心转意"。这实际上是营销人员的工作：获取市场反馈并完善项目，而不仅仅只是努力推销。

问答网站 Quora 的产品经理安迪·约翰说，重要的不仅仅是新用户的注册。增长黑客在乎的是当前用户的回头率，并会密切关注用户的流失率。降低用户流失率意味着团队不需要经常想法设法获取新用户，而是去竭力留住现有用户。

当然，黑客式增长不仅仅是留住用户的问题，还需要优化现有用户，将销售最大化。Udemy 的增长黑客阿奇·艾布拉姆斯的目标是实现可持续增长，提升顾客的长期价值："最好的状态是有 50 万名用户，每位用户花 20 美元，这比有 1 千万用户，每位用户花费 5 分钱要好。那些能通过电子邮件、Facebook 推送信息的公司，可以吸引用户再次使用或购买其产品。"

不要顾着追逐新用户（代价昂贵），正如乔什·阿尔曼提醒我们的，我们应该"专注于理解用户需求，以及他们如何发现和使用贵公司的产品，这样你才能设计出让其钟情的功能，获取更多用户，而不是花大价钱做营销"。

这就是实现黑客式增长的最后一步。不需花费更多钱，而是从已投入的时间、金钱和资源中获取更多。

步骤 5 再次开始吧！

现在，你清楚为什么增长黑客的方法不仅适合自助、迭代的新兴企业，还可以为传统企业创造巨大成功了吧。

增长黑客没有本末倒置，也不是在推广未成熟的想法，而是早在产品开发之初就已经在考虑营销的问题了。增长黑客不追逐品牌意识等模糊概念，而是选择驱动用户。增长黑客不烧钱，而是从病毒营销和社会共享中寻找增长。增长黑客不会妄想奇迹自然发生，用户自然留下，而是根据数据不断努力，优化产品。

这一切都不是偶然，它早已上演了无数次。黑客式增长策略能使新兴企业的每一次推广都卓有成效。

没有人说传统营销不能成功。只是它太贵，更糟糕的是，一旦失败，后果不堪设想。想想 New Coke 和 Google Wave（New Coke 是可口可乐公司推出的一种可乐新品种，存活期仅 1 年。2010 年，谷歌在 Google Wave 服务上线一年后宣布放弃之，原因是该服务缺少足够的用户关注。——译者注）吧。谁愿意花上数百万美元最后却落个竹篮打水一场空的下场？

黑客式增长是一种新方法，它便宜、有效、实际，且不断更新。最重要的是，它就在这里等着你尝试。（来源：互联网新闻博客 Mashable，作者：瑞安·霍利迪）

附录·专访

GROWTH HACKER MARKETING

为什么说增长黑客式营销必将打败传统营销?

传统营销行不通了。花大钱买广告版面、租广告位，这些都是老掉牙的手段。现在，聪明的公司都纷纷采用增长黑客式营销方法了。美国服饰公司营销总监、备受欢迎的营销演讲家瑞安·霍利迪，就是这种改变市场营销思维的领军人物。“精益、灵活的方法更有利于成功。”霍利迪说。在新一期的《快公司》文章中，他道明了增长黑客如何让 Facebook、StumbleUpon、Dropbox、Airbnb、Spotify 等公司壮大起来。

“有别于传统营销，增长黑客谱写了营销史上的新篇章。”霍利迪说。在文中，他描述了增长黑客式策略在一个依赖传统营销和宣传方式的行业——图书出版业中的应用。他的创新方法，让蒂莫西·费里斯的书《每周做饭四小时》荣登《纽约时报》《今日美国》和《华尔街日报》畅销书排行榜。仅第一周的销量就超过了6万本。以下是他成功的4个步骤：

步骤1　打造PMF模式

打造一个与未来市场匹配的产品。霍利迪和费里斯广开言路，根据同事和朋友的意见，区分出新书中精彩绝伦和缺乏吸引力的部分。

步骤2　赢得关注度，抓住核心读者

“我们不依赖电视广告和电台报道，而是决定把火力集中在博客上。因为它可追踪，且见效快。”霍利迪说。结果是，图书正式上线后，立马就吸引了大批读者买单。

步骤3　病毒式增长因素

霍利迪和费里斯在线上发布了免费的节选内容，很快下载次数超过200万次，至少带动了上千本实体书销量。

步骤4　产品优化和顾客忠诚度

霍利迪说：“我们跟踪调查了哪一篇博文有效果，哪一篇不起作用；哪一篇能吸引访客，哪一篇无人问津；哪一篇能提升图书在亚马逊的排名，哪一篇见效甚微。”这些信息对分析成功至关重要，而且它让霍利迪在开展类似的市场活动时有了强劲的武器。

霍利迪在演讲中表明，市场营销的游戏规则一直在变，而增长黑客创造了一系列新规则，不管你是雄心勃勃的营销人员、企业家还是财富500强高管，这些信息都至关重要。（来源：《快公司》，作者：瑞安·霍利迪）

本书涉及的部分公司简介

Airbnb 中文名“空中食宿”，是一家联系旅游人士和家有空房出租的房主的服务型网站，为用户提供各式各样的住宿信息。成立于2008年8月，用户遍布190个国家近34 000个城市，发布的房屋租赁信息达到5万条。截至2015年12月，Airbnb的估值超过250亿美元。

Alexa 一家专门发布网站世界排名的网站，每天搜集的信息超过1 000GB，不仅会提供多达几十亿条的网址链接，而且为其中的每一个网站排名，是当前拥有URL数量最庞大、排名信息发布最详尽的网站。

AppSumo 团购服务网站，主要经营的商品是App和软件。

AskMen 美国影响力最大的男性门户网站，于2000年正式上线。网站设有最佳排名、视频、分类、时尚、装饰等内容。

Dropbox 国际知名云存储服务商，成立于 2007 年，是云存储的鼻祖。

Epic Meal Time 超级开饭时间，一档饮食节目。

Instagram 一款最初运行在苹果 ios 操作平台上的移动应用，以快速、有趣的方式将用户随时抓拍下的图片进行分享。2015 年 10 月，Instagram 宣布其用户数量超过 4 亿。2015 年 12 月，被苹果公司评为“最佳 iPhone6S 应用”。

Groupon 创办于 2008 年 11 月的团购网站，是电子商务、web2.0、互联网广告以及线下模式的结合体。其独特之处在于：每天只推一款折扣产品、每人每天限拍一次、折扣品一定是服务类型的、服务有地域性、线下销售团队规模远超线上团队。上线仅仅两年，Groupon 的年营业额就冲上 10 亿美元，是有史以来最快达阵的公司。

KISSmetrics 一家为企业提供信息分析服务的公司，可以显示用户在企业网站上的活动历史。

Lifehacker 著名生活、软件类效率博客，主要报道生活、技术领域的小窍门，教用户如何利用窍门提高个人效率。Lifehacker 常常会推荐一些好用的软件，也会经常会举办投票活动，如软件的投票、网站设计的投票、域名注册商的投票等。

Mailbox 由 Orchestra 开发的手机邮件客户端。在 2013 年初正式推出之前，就有超过 100 万人注册准备使用；上线初期采用了排队注册的方式，使得很多人可望而不可即。2013 年 3 月 16 日，Mailbox 被 Dropbox 以 1 亿美元的价格收购，并于 2015 年 12 月被关闭。

Market Metrics 信息咨询公司，通过数据研究为客户提供所需的详尽信息。

Mint 美国著名个人理财网站，2007 年 9 月正式上线。Mint 把个人所有的财务信息纳入用户所设立的账户中，包括银行账户、信用卡、基金、个人养老账户、房贷等，从而使用户全面了解自己的财务状况。

Optimizely 一家从事 A/B 测试的创业公司，也是史上增长最快的 SaaS 服务。

Pinterest 一款图片分享应用软件，堪称图片版的 Twitter。用户可以将感兴趣的图片在 Pinterest 保存，其他网友可以关注，也可以转发图片。采用瀑布流的形式展现图片内容，无需用户翻页，新的图片可不断自动加载在页面底端。2015 年 9 月，Pinterest 宣布其全球月活跃访问用户总数达到 1 亿人。

Spotify 全球最大正版流媒体音乐服务平台。2008 年 10 月，在瑞典首都斯德哥尔摩正式上线。得到华纳音乐、索尼、百代等全球几大唱片公司的支持，所提供的音乐均属正版，不过 Spotify 只提供在线收听，不提供下载服务。2015 年底，Spotify 的估值超过百亿美元。

StumbleUpon 一款浏览器插件，可以根据用户个人偏好推荐符合偏好的、被最多人推荐的网站，帮助用户更快访问质量更高的网页。

TecbCrunch 科技类博客，主要报道新兴互联网公司、评论互联网新产品、发布重大突发新闻。

The Art of Manliness 定位是“男人气质培养博客网”，致力于帮助男人找回男性逐渐丢失的艺术气息和良好品质。

Zynga 社交游戏公司，创办于2007年6月。成立之初，Zynga抓住了社交平台兴起的时机，利用玩家与好友之间的互动进行病毒传播，并与Facebook建立紧密联系，享受其他游戏开发商所没有的特权。但由于错失移动游戏即将兴起的讯号，自2012年起，Zynga逐渐没落。

“iHappy 书友会”会员申请表

姓　名（以身份证为准）：________；性　别：________；

年　龄：________；职　业：________；

手机号码：________；E-mail：________；

邮寄地址：________；邮政编码：________；

微信账号：________（选填）

请严格按上述格式将相关信息发邮件至中资海派“iHappy 书友会”会员服务部。

邮　箱：zzhpHYFW@126.com

微信联系方式：请扫描二维码或查找 zzhpszpublishing 关注“中资海派图书”

优惠订购	订阅人		部　门		单位名称		
	地　址						
	电　话				传　真		
	电子邮箱		公司网址			邮　编	
	订购书目						
	付款方式	邮局汇款	中资海派商务管理（深圳）有限公司 中国深圳银湖路中国脑库 A 栋四楼　　邮编：518029				
		银行电汇或转账	户　名：中资海派商务管理（深圳）有限公司 开户行：招行深圳科苑支行 账　号：81 5781 4257 1000 1 交通银行卡户名：桂林　　卡　号：622260 1310006 765820				
	附注	1. 请将订阅单连同汇款单影印件传真或邮寄，以凭办理。 2. 订阅单请用正楷填写清楚，以便以最快方式送达。 3. 咨询热线：0755-25970306 转 158、168　　传　真：0755-25970309 转 825 E-mail: szmiss@126.com					

→利用本订购单订购一律享受九折特价优惠。

→团购 30 本以上八五折优惠。